コミック版 日本の歴史63

幕末・維新人物伝 小松帯刀

Legendary Heroes of The End of shogunate and The Meiji Restoration

Tatewaki Komatsu

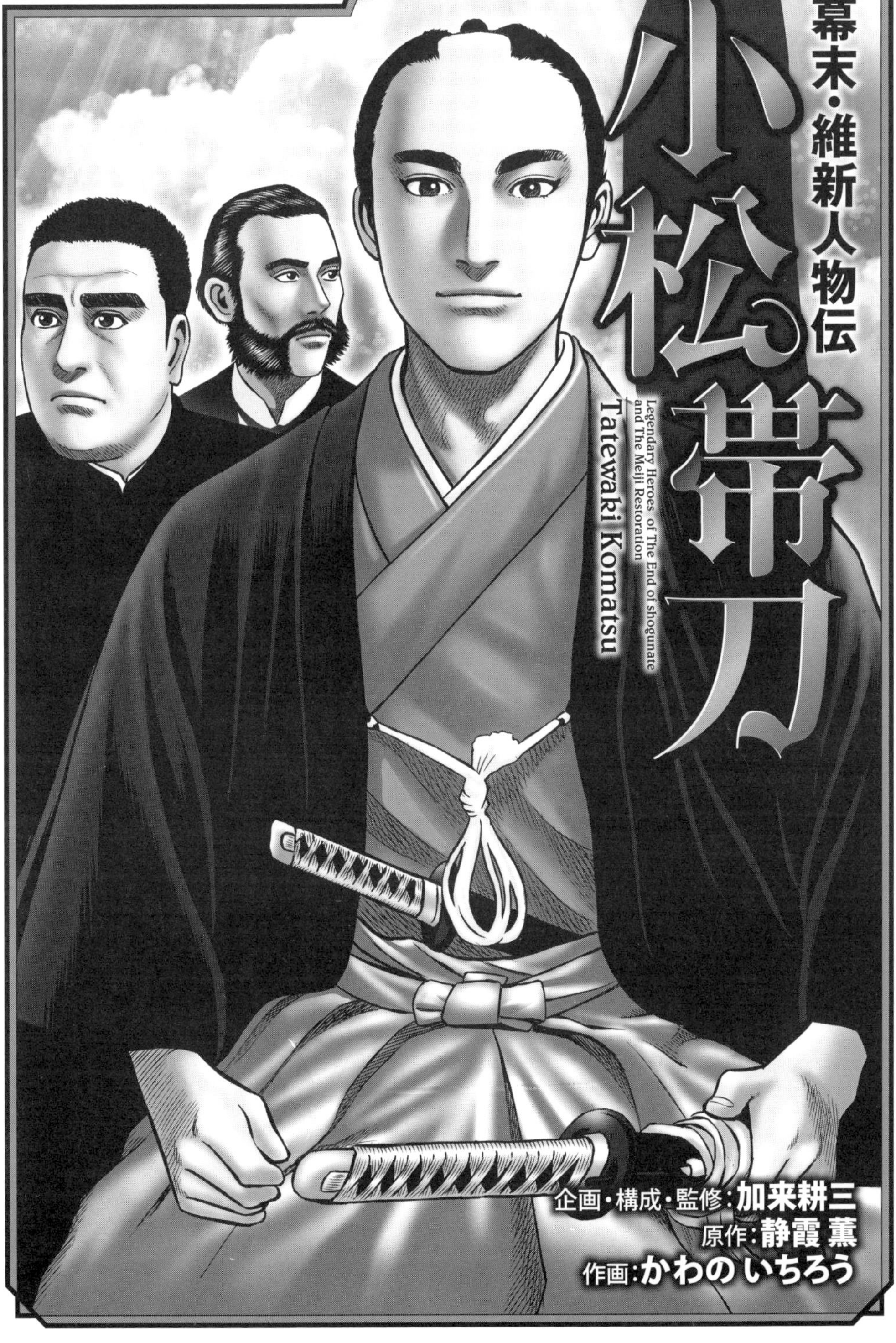

企画・構成・監修：加来耕三

原作：静霞 薫

作画：かわの いちろう

《おもな登場人物《とうじょうじんぶつ》》

大久保利通《おおくぼとしみち》(正助《しょうすけ》)

薩摩藩士《さつまはんし》。一蔵《いちぞう》とも。下級藩士《かきゅうはんし》だったが、久光《ひさみつ》に認《みと》められ、その側近《そっきん》となる。その後《ご》、帯刀《たてわき》の配下《はいか》となり、各方面《かくほうめん》の交渉《こうしょう》などに力《ちから》を発揮《はっき》する。明治維新後《めいじいしんご》は、新政府《しんせいふ》のトップとして活躍《かつやく》する。

小松帯刀《こまつたてわき》

薩摩藩家老《さつまはんかろう》。島津家重臣《しまづけじゅうしん》の肝付家《きもつきけ》に生《う》まれる。幼名《ようみょう》は尚五郎《なおごろう》。同《おな》じく重臣《じゅうしん》の小松家《こまつけ》の婿養子《むこようし》となり、家督《かとく》を継《つ》ぎ、小松帯刀清廉《こまつたてわききよかど》を名乗《なの》る。“国父《こくふ》”久光《ひさみつ》に認《みと》められ、若《わか》くして家老《かろう》となり、西郷《さいごう》や大久保《おおくぼ》を従《したが》えて薩摩藩《さつまはん》を動《うご》かす。最後《さいご》の将軍《しょうぐん》・徳川慶喜《とくがわよしのぶ》にも信頼《しんらい》されて、ついには日本《にほん》を明治維新《めいじいしん》に導《みちび》く。

島津斉彬《しまづなりあきら》

薩摩藩《さつまはん》11代藩主《だいはんしゅ》。その英明《えいめい》さと先見性《せんけんせい》で、帯刀《たてわき》ら多《おお》くの人物《じんぶつ》に多大《ただい》な影響《えいきょう》を与《あた》える。欧米列強《おうべいれっきょう》から日本《にほん》を守《まも》るため幕政《ばくせい》を変《か》えようと、兵《へい》を挙《あ》げ京《きょう》へ上《のぼ》る計画《けいかく》を立《た》てるが、急《きゅう》死《し》してしまう。

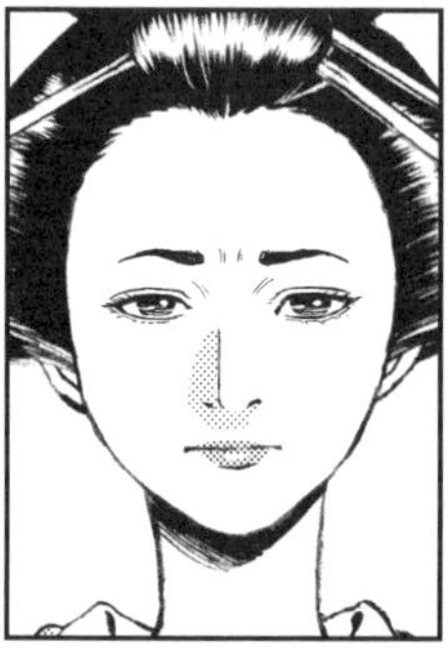

小松千賀《こまつちか》(近《ちか》)

帯刀《たてわき》の正室《せいしつ》。島津家重臣《しまづけじゅうしん》で小松家《こまつけ》の当主《とうしゅ》だった兄《あに》が琉球《りゅうきゅう》で急死《きゅうし》したため、藩主《はんしゅ》・斉彬《なりあきら》の命《めい》で帯刀《たてわき》が夫《おっと》に迎《むか》えられ、小松家当主《こまつけとうしゅ》となる。

島津久光《しまづひさみつ》(忠教《ただゆき》)

斉彬《なりあきら》の弟《おとうと》で、薩摩藩主《さつまはんしゅ》・茂久《もちひさ》の父《ちち》。“国父《こくふ》”として藩《はん》の実権《じっけん》を握《にぎ》る。斉彬《なりあきら》の遺志《いし》を継《つ》ぎ、兵《へい》を挙《あ》げて京《きょう》へ上《のぼ》り、幕政改革《ばくせいかいかく》を要求《ようきゅう》。明治維新《めいじいしん》への契機《けいき》となる。それらの実行《じっこう》は帯刀《たてわき》に一任《いちにん》された。

島津茂久《しまづもちひさ》(忠義《ただよし》)

薩摩藩《さつまはん》12代藩主《だいはんしゅ》。久光《ひさみつ》の実子《じっし》で、斉彬《なりあきら》の養子《ようし》となり、斉彬《なりあきら》の急死後《きゅうしご》、次代藩主《じだいはんしゅ》となる。藩《はん》の実権《じっけん》は、父《ちち》・久光《ひさみつ》が握《にぎ》っていた。

坂本《さかもと》龍馬《りょうま》

土佐藩《とさはん》脱藩《だっぱん》郷士《ごうし》。神戸《こうべ》海軍《かいぐん》操練所《そうれんじょ》の隣接《りんせつ》塾《じゅく》塾頭《じゅくとう》で、操練所《そうれんじょ》の閉所《へいしょ》後《ご》、帯刀《たてわき》の世話《せわ》で薩摩藩《さつまはん》に他《ほか》の塾生《じゅくせい》とともに身《み》を寄《よ》せる。帯刀《たてわき》の協力《きょうりょく》で「亀山社中《かめやましゃちゅう》」をつくり、薩摩藩《さつまはん》を通《つう》じ長州藩《ちょうしゅうはん》が武器《ぶき》を購入《こうにゅう》する手配《てはい》をし、薩長同盟《さっちょうどうめい》を仲介《ちゅうかい》する。帯刀《たてわき》とは公私《こうし》ともに親《した》しかったが、大政奉還後《たいせいほうかんご》に暗殺《あんさつ》される。

西郷隆盛《さいごうたかもり》(吉之助《きちのすけ》)

薩摩藩士《さつまはんし》。下級藩士《かきゅうはんし》ながらも斉彬《なりあきら》に認《みと》められ、その側《そば》に仕《つか》える。斉彬《なりあきら》の急死後《きゅうしご》、遠島《えんとう》になっていたが、帯刀配下《たてわきはいか》となり、薩摩軍《さつまぐん》を率《ひき》いる。龍馬《りょうま》の協力《きょうりょく》と、帯刀《たてわき》の裁量《さいりょう》で薩長同盟《さっちょうどうめい》を結《むす》び、討幕派《とうばくは》の中心人物《ちゅうしんじんぶつ》となる。明治維新《めいじいしん》後《ご》、政争《せいそう》に敗《やぶ》れて新政府《しんせいふ》を去《さ》り、西《せい》南戦争《なんせんそう》を起《お》こす。

徳川《とくがわ》(一橋《ひとつばし》) 慶喜《よしのぶ》

将軍家家族《しょうぐんけかぞく》の一橋家当主《ひとつばしけとうしゅ》。斉彬《なりあきら》らの後押《あとお》しで将軍《しょうぐん》候補《こうほ》となるが、支持者《しじしゃ》が政争《せいそう》に負《ま》けて失脚《しっきゃく》。その後《ご》、久光《ひさみつ》の働《はたら》きかけで将軍後見職《しょうぐんこうけんしょく》となり、禁門《きんもん》の変《へん》では幕府軍総大将《ばくふぐんそうだいしょう》として帯刀《たてわき》とともに戦《たたか》う。のちに15代将軍《だいしょうぐん》となり、薩摩《さつま》とは対立《たいりつ》していくが、帯刀《たてわき》を信頼《しんらい》し、その提言《ていげん》を受《う》け入《い》れて大政奉還《たいせいほうかん》を行《おこな》う。

木戸孝允《きどたかよし》(桂小五郎《かつらこごろう》)

長州藩士《ちょうしゅうはんし》。藩《はん》の交渉代《こうしょうだい》表者《ひょうしゃ》として帯刀《たてわき》、西郷《さいごう》と会見《かいけん》して薩長同盟《さっちょうどうめい》を結《むす》び、幕府《ばくふ》を倒《たお》す。大久《おおく》保《ぼ》とともに、新政府《しんせいふ》の中心人物《ちゅうしんじんぶつ》となる。

勝海舟《かつかいしゅう》

幕府軍艦奉行《ばくふぐんかんぶぎょう》。神戸海《こうべかい》軍操練所《ぐんそうれんじょ》を設立《せつりつ》し、隣《りん》接《せつ》の塾《じゅく》で龍馬《りょうま》や浪士《ろうし》らに操船術《そうせんじゅつ》を学《まな》ばせる。幕臣《ばくしん》ながら幕府崩壊《ばくふほうかい》を見抜《みぬ》き、西郷《さいごう》に忠告《ちゅうこく》。

コミック版《ばん》 日本《にほん》の歴史《れきし》63
幕末《ばくまつ》・維新人物伝《いしんじんぶつでん》
小松帯刀《こまつたてわき》

もくじ

※この作品《さくひん》は、歴史文献《れきしぶんけん》をもとにまんがとして再構成《さいこうせい》したものです。
※本編《ほんぺん》では、人物《じんぶつ》の年齢表記《ねんれいひょうき》はすべて数《かぞ》え年《どし》とします。
※本編《ほんぺん》では、人物《じんぶつ》の幼名《ようみょう》など、名前《なまえ》を一部省略《いちぶしょうりゃく》しております。

幕末《ばくまつ》のイギリス外交官《がいこうかん》
アーネスト・サトウは
「私《わたし》の知《し》っている日本人《にほんじん》の
なかで一番魅力的《いちばんみりょくてき》」と頌《しょう》した
坂本龍馬《さかもとりょうま》は姉《あね》・乙女《おとめ》への
手紙《てがみ》のなかで この男《おとこ》のことを
「神《かみ》も仏《ほとけ》もあるものにて
御座候《ござそうろう》」と書《か》き残《のこ》している
第《だい》一章《しょう》 修行時代《しゅぎょうじだい》
小松帯刀《こまつたてわき》
現在《げんざい》 その名《な》を知《し》る者《もの》は少《すく》ないが
日本《にほん》が明治維新《めいじいしん》を迎《むか》えるに当《あ》たって
なくてはならない男《おとこ》であった
大久保利通《おおくぼとしみち》
西郷隆盛《さいごうたかもり》

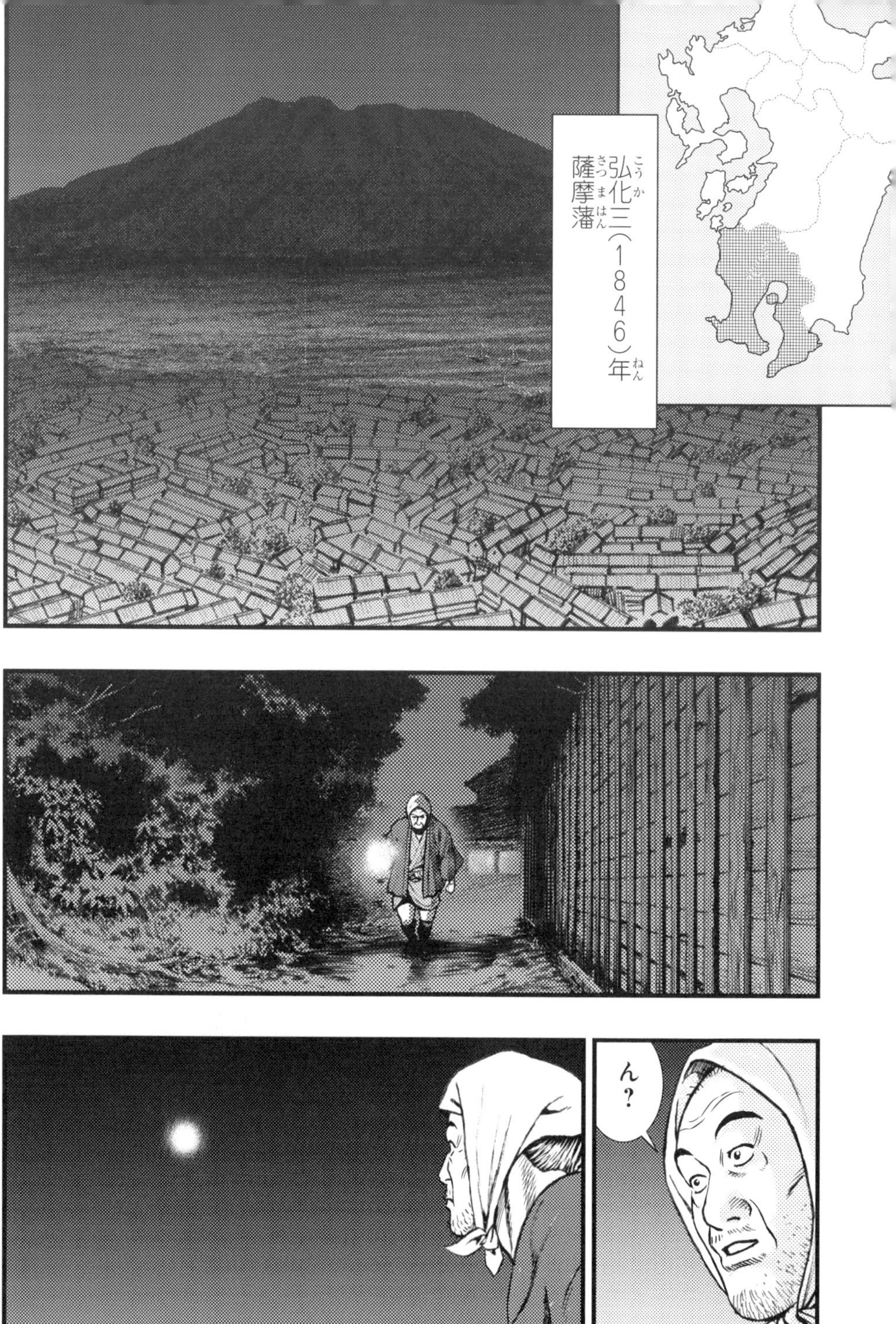

薩摩藩《さつまはん》…現在《げんざい》の鹿児島県《かごしまけん》鹿児島市《かごしまし》に藩庁《はんちょう》（役所《やくしょ》）を置《お》いた藩《はん》。

スウゥ・・
ひいっ！
スッ
う
馬《うま》!?
やあ

驚《おどろ》かしたようで すまんでごわす
肝付尚《きもつきなお》五郎《ごろう》
（のちの小《こ》松帯刀《まつたてわき》）
12歳《さい》
……ま まさか お馬《うま》の提灯《ちょうちん》とは 思《おも》いませんでごわした
火《ひ》の玉《たま》が揺《ゆ》れもせずに 近《ちか》づいて来《き》たもので…… びっくりしもした
馬《うま》の提灯《ちょうちん》は揺《ゆ》れる ものでごわすか？

あれほどまでに
お馬《うま》を乗《の》りこなす お方《かた》は
初《はじ》めて見《み》たわい
肝付尚五郎《きもつきなおごろう》（のちの小松帯刀《こまつたてわき》）は
天保《てんぽう》六（1835）年《ねん》十月十四日《がつじゅうよっか》
薩摩藩主《さつまはんしゅ》・島津家《しまづけ》の重臣《じゅうしん》である
肝付家《きもつきけ》に生《う》まれた
幼《おさな》い時《とき》から馬術《ばじゅつ》を好《この》み
達人《たつじん》の域《いき》に いたっていた
と伝《つた》えられている
だが——

男《おとこ》六人兄弟《にんきょうだい》の三男《なん》で
生《う》まれつき体《からだ》が弱《よわ》く
病気《びょうき》がちだった
こともあり――
決《けっ》して将来《しょうらい》を
期待《きたい》されるような
子《こ》どもではなかった
爺《じい》よ……
父君《ちちぎみ》も母君《ははぎみ》も兄上《あにうえ》にしか
お声《こえ》をかけてくださらぬ
おいは……
この家《いえ》の
やっせんぼ なのかいのう

おい…鹿児島弁《かごしまべん》で「おれ」の意《い》。

やっせんぼ…鹿児島弁《かごしまべん》で「役立《やくた》たず」の意《い》。

藩校《はんこう》…藩《はん》が藩士《はんし》やその子弟《してい》のために設《もう》けた学問所《がくもんじょ》。

薩摩藩校《さつまはんこう》「造士館《ぞうしかん》」
おお……
尚五郎《なおごろう》16歳《さい》
なんと美《うつく》しか音色《ねいろ》じゃ……

長老《おせ》…年上《としうえ》の青年《せいねん》「二才《にせ》」が幼少者《ようしょうしゃ》「稚児《ちご》」に武道《ぶどう》や学問《がくもん》を教《おし》える薩摩《さつま》独特《どくとく》の「郷中教育《ごじゅうきょういく》」において、郷中《ごじゅう》を去《さ》った二十五歳《さい》以上《いじょう》の妻帯者《さいたいしゃ》。

おおい……尚五郎《なおごろう》
スー
何《なに》をしよっとか!?
長老《おせ》どんに失礼《しつれい》じゃっど!
あ……
……尚五郎《なおごろう》琵琶《びわ》やってみたいのか?
は はい!

琵琶《びわ》…弦《げん》を撥《ばち》で弾《はじ》いて音《おと》を出《だ》す弦楽器《げんがっき》の一種《いっしゅ》。室町時代《むろまちじだい》に薩摩地方《さつまちほう》で発生《はっせい》した琵琶音楽《びわおんがく》に薩摩琵琶《さつまびわ》がある。

……尚五郎様《なおごろうさま》
どげん琵琶《びわ》が上手《じょうず》に弾《ひ》けてもお家《いえ》の一大事《いちだいじ》には役《やく》に立《た》ちもはん

馬術《ばじゅつ》でも琵琶《びわ》でも……あなた様《さま》は好《す》きなものはとことん極《きわ》められる
スッ
尚五郎様《なおごろうさま》はやっせんぼではありもはん
肝付家《きもつきけ》は薩摩《さつま》の重臣《じゅうしん》のお家《いえ》
ぜひ その力《ちから》を薩摩《さつま》のためにお使《つか》いください

……ありがとな
よう言《い》うてくれた
この日《ひ》から尚五郎《なおごろう》は一層《いっそう》
文武《ぶんぶ》に励《はげ》むようになった

湯治《とうじ》…温泉《おんせん》に入《はい》って病気《びょうき》やけがを治療《ちりょう》すること。
蘭癖《らんぺき》…オランダおよび西洋《せいよう》の学問《がくもん》（蘭学《らんがく》）を熱心《ねっしん》に学《まな》ぶこと。

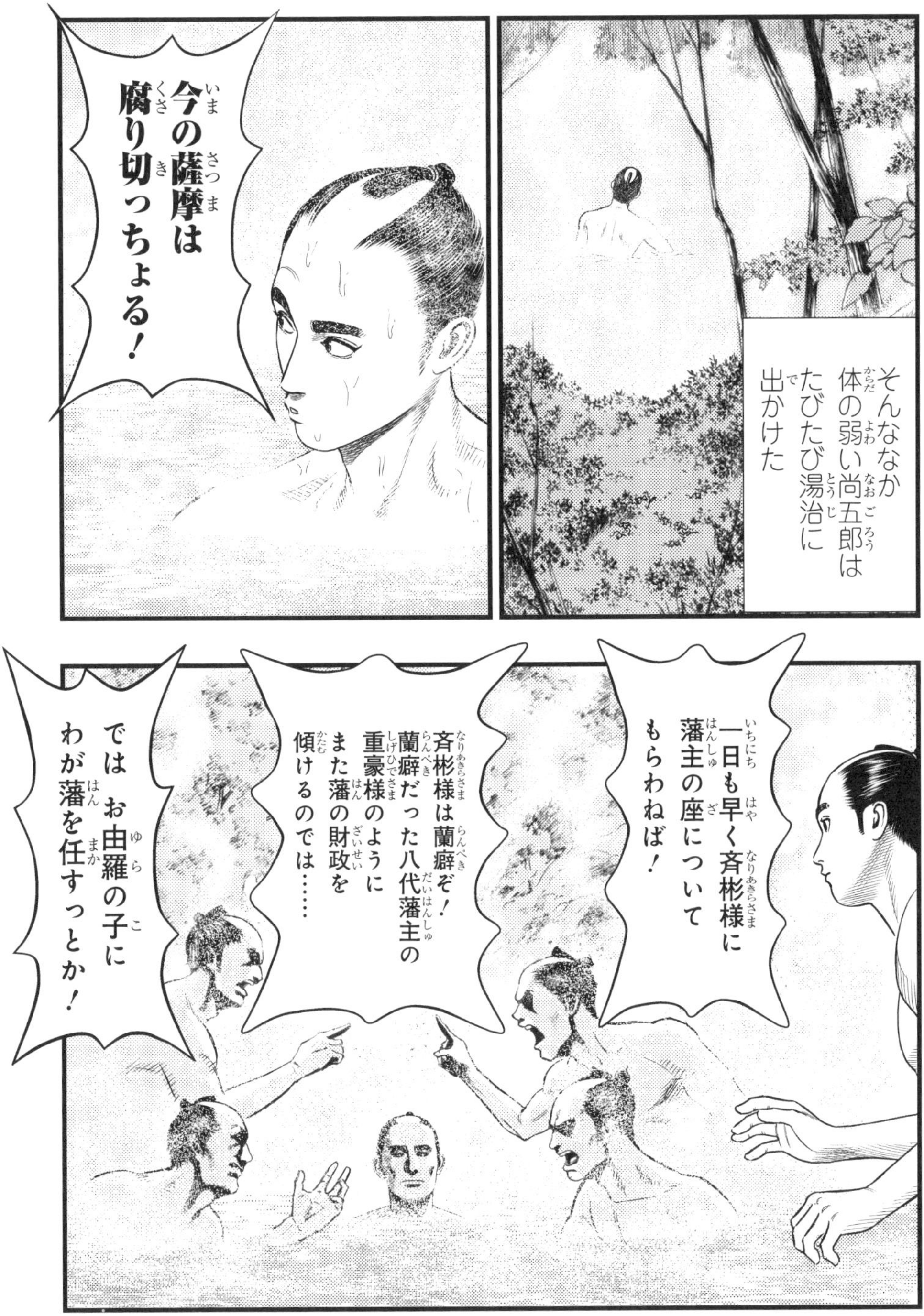
そんななか 体《からだ》の弱《よわ》い尚五郎《なおごろう》は たびたび湯治《とうじ》に 出《で》かけた
今《いま》の薩摩《さつま》は 腐《くさ》り切《き》っちょる！
一日《いちにち》も早《はや》く斉彬様《なりあきらさま》に 藩主《はんしゅ》の座《ざ》について もらわねば！
斉彬様《なりあきらさま》は蘭癖《らんぺき》ぞ！ 蘭癖《らんぺき》だった八代藩主《だいはんしゅ》の 重豪様《しげひでさま》のように また藩《はん》の財政《ざいせい》を 傾《かたむ》けるのでは……
では お由羅《ゆら》の子《こ》に わが藩《はん》を任《まか》すっとか！

当時《とうじ》 薩摩《さつま》では
藩主《はんしゅ》・島津斉興《しまづなりおき》の後継者《こうけいしゃ》を
正室《せいしつ》の子《こ》で嫡男《ちゃくなん》の斉彬《なりあきら》にするか
側室《そくしつ》お由羅《ゆら》の子《こ》 忠教《ただゆき》にするかで
藩《はん》を二分《にぶん》する問題《もんだい》となっていた
斉興《なりおき》
お由羅《ゆら》
忠教《ただゆき》
斉彬《なりあきら》
そこな お人《ひと》 どげん思《おも》いもす？
えっ？
……そうでごわすなぁ

正室《せいしつ》…身分《みぶん》の高《たか》い人《ひと》の正妻《せいさい》。
嫡男《ちゃくなん》…跡継《あとつ》ぎ候補《こうほ》の男子《だんし》。
側室《そくしつ》…身分《みぶん》の高《たか》い人《ひと》の正妻《せいさい》以外《いがい》の妻《つま》。

国《くに》を誤《あやま》るとしたらお由羅《ゆら》のせいではなか
おはんら皆《みな》が右往左往《うおうさおう》するからじゃっど
な なんじゃっちい!
まぁ そげん興奮《こうふん》せんで皆《みな》で仲良《なかよ》うやろうじゃなかか
!!
斉彬様《なりあきらさま》も忠教様《ただゆきさま》も聡明《そうめい》なお方《かた》でごわす
おいたちさえ一致団結《いっちだんけつ》しておればお国《くに》はいつまでも安泰《あんたい》じゃ
……ぐっ

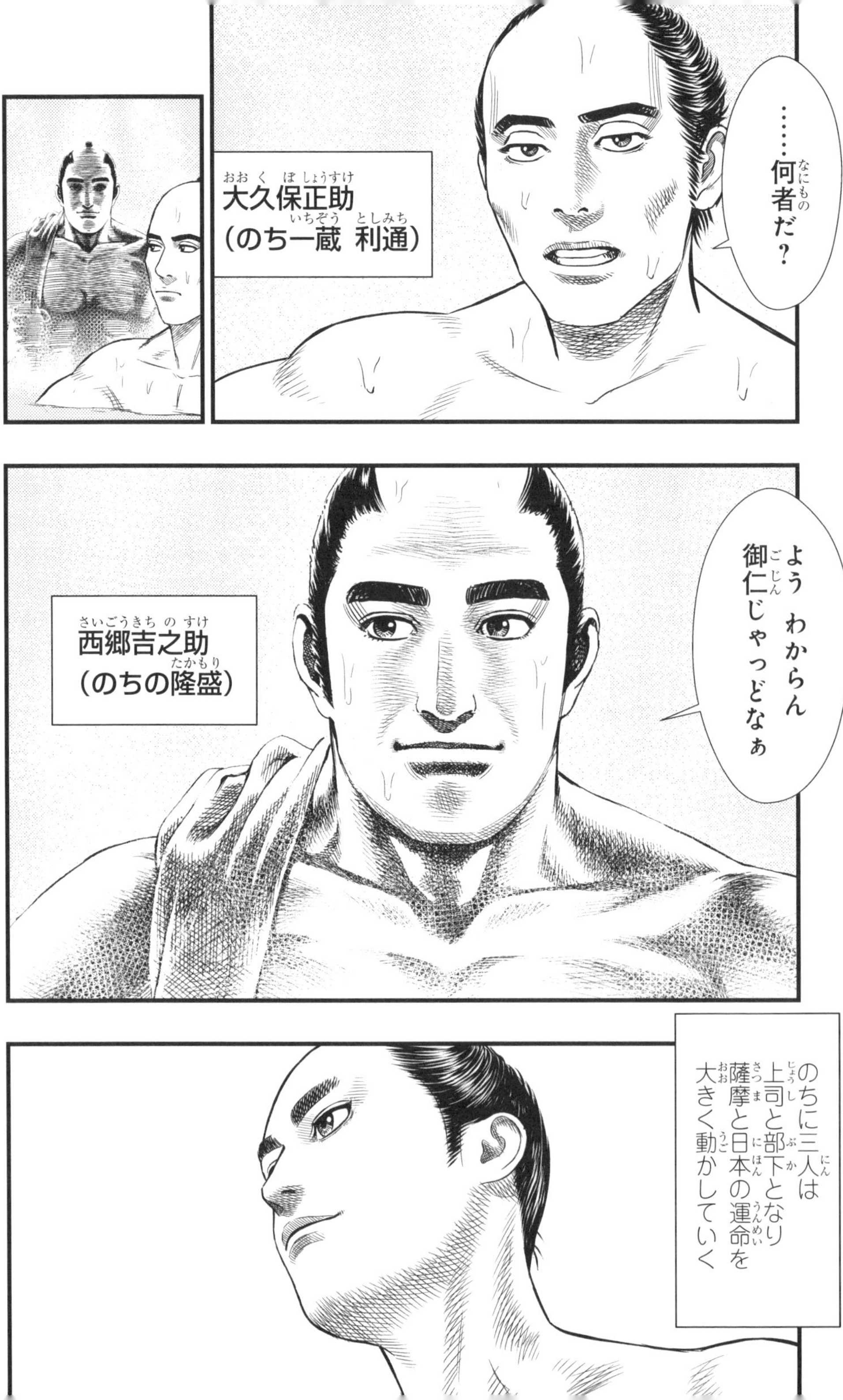
……何者《なにもの》だ？
大久保正助《おおくぼしょうすけ》
（のち一蔵《いちぞう》 利通《としみち》）
西郷吉之助《さいごうきちのすけ》
（のちの隆盛《たかもり》）
よう わからん
御仁《ごじん》じゃっどなぁ
のちに三人《にん》は
上司《じょうし》と部下《ぶか》となり
薩摩《さつま》と日本《にほん》の運命《うんめい》を
大《おお》きく動《うご》かしていく

御仁《ごじん》…人《ひと》を敬《うやま》っていう語《ご》。お人《ひと》。お方《かた》。

奥小姓御近習番《おくごしょうごきんじゅばん》…主君《しゅくん》の身近《みぢか》に仕《つか》える小姓《こしょう》で、順番《じゅんばん》に主君《しゅくん》の警護《けいご》をする役目《やくめ》。

安政《あんせい》二（1855）年《ねん》五月《がつ》
尚五郎《なおごろう》は奥小姓御近習番《おくごしょうごきんじゅばん》
として江戸詰《えどづめ》を命《めい》じられた
江戸《えど》・薩摩藩邸《さつまはんてい》
薩摩藩《さつまはん》の後継者問題《こうけいしゃもんだい》は
多《おお》くの犠牲者《ぎせいしゃ》を出《だ》す
騒動《そうどう》となったが――
四年前《ねんまえ》の嘉永《かえい》四（1851）年《ねん》に
老中首座《ろうじゅうしゅざ》・阿部正弘《あべまさひろ》の働《はたら》きかけで
島津斉彬《しまづなりあきら》が四十三歳《さい》にしてようやく
薩摩藩主《さつまはんしゅ》となっていた
薩摩藩《さつまはん》11代藩主《だいはんしゅ》
島津斉彬《しまづなりあきら》 47歳《さい》

老中《ろうじゅう》…将軍直属《しょうぐんちょくぞく》で政務《せいむ》を取《と》りしきる江戸幕府常設《えどばくふじょうせつ》の最高職《さいこうしょく》。

首座《しゅざ》…首席《しゅせき》。最上位《さいじょうい》の人《ひと》。

二年前《ねんまえ》にペリー率《ひき》いる艦隊《かんたい》が浦賀《うらが》に現《あらわ》れて以降《いこう》アメリカは日本《にほん》に開国《かいこく》を執拗《しつよう》に働《はたら》きかけてきておる
しかし 技術《ぎじゅつ》と産業《さんぎょう》で後《おく》れを取《と》ったまま開国《かいこく》すればアヘン戦争《せんそう》でイギリスに負《ま》け香港《ホンコン》などを割譲《かつじょう》した清国《しんこく》の二《に》の舞《まい》だ
日本《にほん》は急《いそ》ぎ近代化《きんだいか》を進《すす》めねばならぬ
そのためにはわが薩摩《さつま》が先頭《せんとう》に立《た》って幕政《ばくせい》を改革《かいかく》せねばならぬのだ

割譲《かつじょう》…領土《りょうど》の一部《いちぶ》を他国《たこく》に譲《ゆず》り渡《わた》すこと。

アヘン戦争《せんそう》…1840〜1842年《ねん》、イギリスと清国《しんこく》との間《あいだ》で行《おこな》われた戦争《せんそう》。清国《しんこく》…1616〜1912年《ねん》まで続《つづ》いた中国最後《ちゅうごくさいご》の王朝《おうちょう》。

国家《こっか》の一大事《いちだいじ》を
話《はな》しておると
いうのに……
ずいぶんと
楽《たの》しそうな顔《かお》を
した者《もの》がおるな
たしか肝付尚五郎《きもつきなおごろう》と
いったか
尚五郎《なおごろう》は江戸《えど》で斉彬《なりあきら》の
小姓《こしょう》として その側近《そばちか》くで
薫陶《くんとう》を受《う》ける――
だが二か月後《げつご》
えっ!?
私《わたし》が小松家《こまつけ》の
跡取《あとと》りに……!

薫陶《くんとう》…人徳《じんとく》や品位《ひんい》で人《ひと》を感化《かんか》し教育《きょういく》すること。

小松《こまつ》家《け》は肝付《きもつき》家《け》と同《おな》じく
島津《しまづ》家《け》の重臣《じゅうしん》の家柄《いえがら》である
うむ 急死《きゅうし》した 当主《とうしゅ》の小松清猷《こまつきよもと》には 跡取《あとと》りはおらぬが 妹《いもと》がおる
そこで そなたに 婿入《むこい》りしてもらいたい
さ されど江戸《えど》に来《き》て まだ二か月《げつ》 まだまだ殿《との》のお側《そば》で お仕《つか》えしたく……
琉球《りゅうきゅう》のことを任《まか》せていた 清猷《きよもと》は 薩摩《さつま》の将来《しょうらい》を担《にな》う 人材《じんざい》として期待《きたい》した 男《おとこ》であった
その跡《あと》を継《つ》げるのは そなたしかおらぬと わしは思《おも》うておるのだ

琉球《りゅうきゅう》…現在《げんざい》の沖縄県《おきなわけん》。

は……ははぁ！
安政《あんせい》三（1856）年正月《ねんしょうがつ》二十七日《にち》
尚五郎《なおごろう》は清猷《きよもと》の妹《いもうと》・小松千賀《こまつちか》と
結婚《けっこん》して小松家《こまつけ》を継《つ》ぎ その二年後《ねんご》――
小松帯刀清廉《こまつたてわききよかど》と
改名《かいめい》した

第《だい》二章《しょう》　久光《ひさみつ》の下《もと》で

日米修好通商条約《にちべいしゅうこうつうしょうじょうやく》…日本《にほん》とアメリカの間《あいだ》で通商《つうしょう》・航海《こうかい》などに関《かん》して結《むす》ばれた条約《じょうやく》。相手国民《あいてこくみん》の入国《にゅうこく》・居住《きょじゅう》、領事《りょうじ》の交換《こうかん》などを取《と》り決《き》める。

天朝《てんちょう》…朝廷《ちょうてい》のこと。

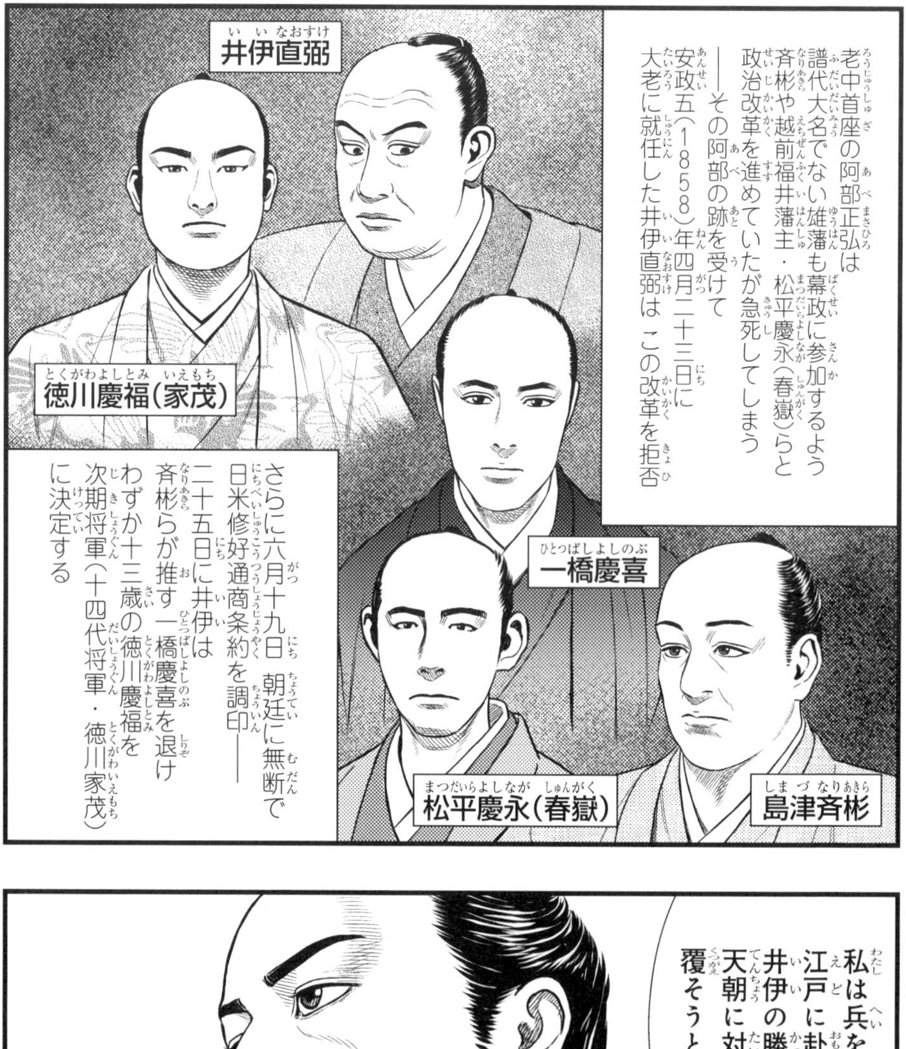

老中首座《ろうじゅうしゅざ》の阿部正弘《あべまさひろ》は
譜代大名《ふだいだいみょう》でない雄藩《ゆうはん》も幕政《ばくせい》に参加《さんか》するよう
斉彬《なりあきら》や越前福井藩主《えちぜんふくいはんしゅ》・松平慶永《まつだいらよしなが》（春嶽《しゅんがく》）らと
政治改革《せいじかいかく》を進《すす》めていたが急死《きゅうし》してしまう
――その阿部《あべ》の跡《あと》を受《う》けて
安政《あんせい》五（1858）年《ねん》四月《がつ》二十三日《にち》に
大老《たいろう》に就任《しゅうにん》した井伊直弼《いいなおすけ》は　この改革《かいかく》を拒否《きょひ》
井伊直弼《いいなおすけ》
徳川慶福《とくがわよしとみ》（家茂《いえもち》）
一橋慶喜《ひとつばしよしのぶ》
島津斉彬《しまづなりあきら》
松平慶永《まつだいらよしなが》（春嶽《しゅんがく》）
さらに六月《がつ》十九日《にち》　朝廷《ちょうてい》に無断《むだん》で
日米修好通商条約《にちべいしゅうこうつうしょうじょうやく》を調印《ちょういん》――
二十五日《にち》に井伊《いい》は
斉彬《なりあきら》らが推《お》す一橋慶喜《ひとつばしよしのぶ》を退《しりぞ》け
わずか十三歳《さい》の徳川慶福《とくがわよしとみ》を
次期将軍《じきしょうぐん》（十四代将軍《だいしょうぐん》・徳川家茂《とくがわいえもち》）
に決定《けってい》する

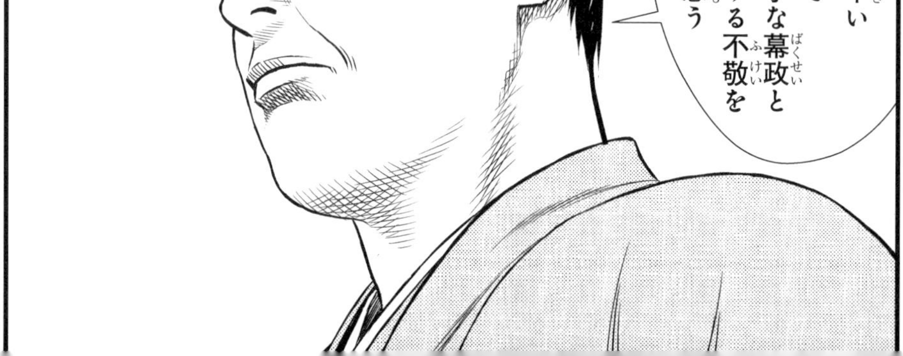

私《わたし》は兵《へい》を率《ひき》い　江戸《えど》に赴《おもむ》き　井伊《いい》の勝手《かって》な幕政《ばくせい》と　天朝《てんちょう》に対《たい》する不敬《ふけい》を　覆《くつがえ》そうと思《おも》う

譜代大名《ふだいだいみょう》…関《せき》ケ原《がはら》の合戦《かっせん》以前《いぜん》から徳川《とくがわ》の臣下《しんか》だった大名《だいみょう》。

雄藩《ゆうはん》…勢力《せいりょく》の強《つよ》い藩《はん》。

越前《えちぜん》…現在《げんざい》の福井県北部《ふくいけんほくぶ》。

薩摩《さつま》・鶴丸城《つるまるじょう》
なっ!?
まずは上洛《じょうらく》し 天朝《てんちょう》に勅許《ちょっきょ》をたまわり 公儀《こうぎ》に改革《かいかく》を迫《せま》るのだ
しし しかし うまくいかねば 薩摩《さつま》が取《と》り潰《つぶ》されるようなことにも……
斉彬《なりあきら》の弟《おとうと》
島津忠教《しまづただゆき》(のちの久光《ひさみつ》)
心配無用《しんぱいむよう》 我《われ》に策《さく》ありじゃ もし万《まん》が一《いち》 敗《やぶ》れても……
日本《にほん》のためになれば 薩摩《さつま》を なげうつことも やむをえまい

鶴丸城《つるまるじょう》…現在《げんざい》の鹿児島県鹿児島市《かごしまけんかごしまし》にあった城《しろ》。鹿児島城《かごしまじょう》とも。
上洛《じょうらく》…京《きょう》へ上《のぼ》ること。
勅許《ちょっきょ》…天皇《てんのう》の許可《きょか》。
公儀《こうぎ》…幕府《ばくふ》のこと。

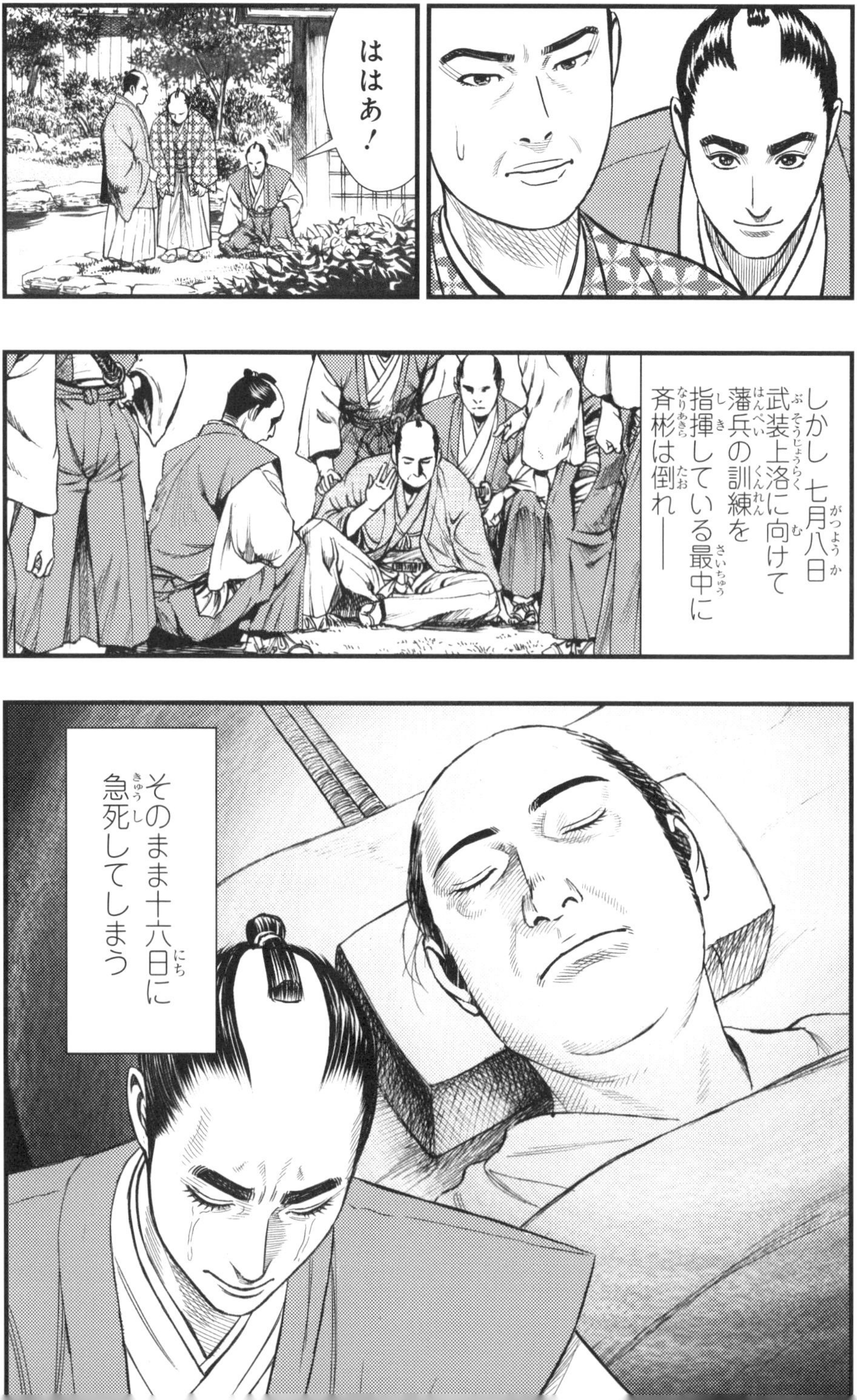
ははあ!
しかし 七月《がつ》八日《ようか》 武装上洛《ぶそうじょうらく》に向《む》けて 藩兵《はんぺい》の訓練《くんれん》を 指揮《しき》している最中《さいちゅう》に 斉彬《なりあきら》は倒《たお》れ――
そのまま十六日《にち》に 急死《きゅうし》してしまう

忠教《ただゆき》の長男《ちょうなん》・茂久《もちひさ》（のちの忠義《ただよし》）が
十二代藩主《だいはんしゅ》の座《ざ》に就《つ》いたが
藩《はん》の実権《じっけん》は十代藩主《だいはんしゅ》の斉興《なりおき》に戻《もど》り
茂久《もちひさ》
斉興《なりおき》
忠教《ただゆき》
斉彬《なりあきら》から重用《ちょうよう》されていた帯刀《たてわき》は
エリートコースから
外《はず》されてしまう
斉彬《なりあきら》の死《し》から三年後《ねんご》の
万延《まんえん》二（1861）年正月《ねんしょうがつ》
砲台《ほうだい》を担当《たんとう》する「台場係《だいばがかり》」に
なっていた帯刀《たてわき》は
電気水雷《でんきすいらい》の研究《けんきゅう》のため
長崎《ながさき》に派遣《はけん》された

電気水雷《でんきすいらい》…水中《すいちゅう》にしかけ、電源《でんげん》スイッチで起動《きどう》させて敵艦《てきかん》を爆破《ばくは》する兵器《へいき》。

一年《ねん》あまり前《まえ》に斉興様《なりおきさま》が亡《な》くなり藩主《はんしゅ》・茂久様《もちひささま》のお父上《ちちうえ》・久光様《ひさみつさま》が実権《じっけん》を握《にぎ》られたというのに
おいたちの待遇《たいぐう》も少《すこ》しはよくなるかと思《おも》うたばってん相変《あいか》わらずの閑職続《かんしょくつづ》き……
長崎《ながさき》での研修《けんしゅう》など実質左遷《じっしつさせん》ではごわはんか！
おおっ これが電気水雷《でんきすいらい》か！
まっこて西洋《せいよう》の最新兵器《さいしんへいき》は大《たい》したもんじゃ
これを学《まな》んで持《も》ち帰《かえ》れば薩摩《さつま》の近代化《きんだいか》に大《おお》いに役立《やくだ》つ先代《せんだい》の斉彬様《なりあきらさま》も きっとお喜《よろこ》びじゃろう
……帯刀《たてわき》どの

閑職《かんしょく》…重要《じゅうよう》でない、暇《ひま》な仕事《しごと》。左遷《させん》…低《ひく》い地位《ちい》に下《さ》げられること。

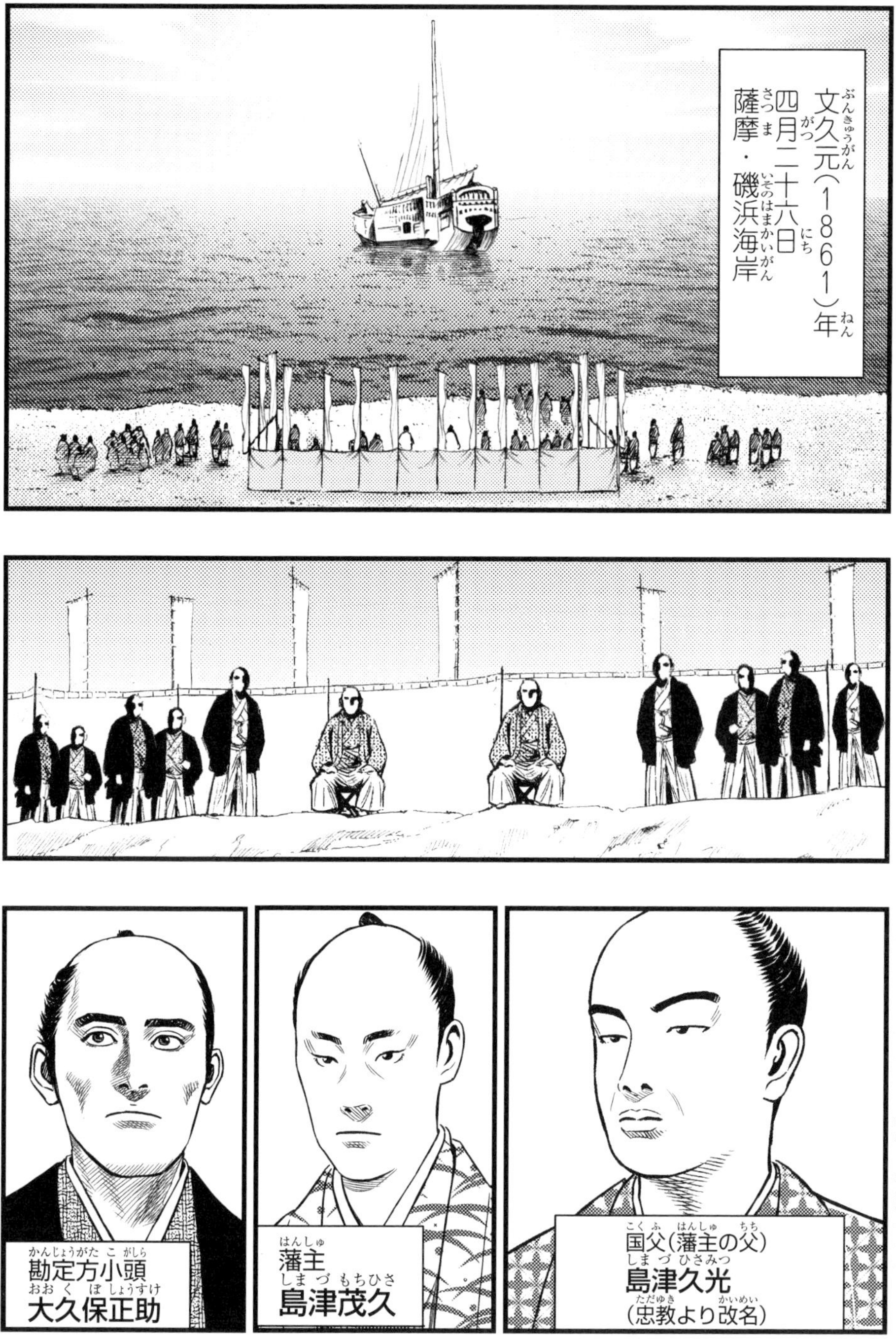
文久元《ぶんきゅうがん》(1861)年《ねん》
四月《がつ》二十六日《にち》
薩摩《さつま》・磯浜海岸《いそのはまかいがん》
国父《こくふ》(藩主《はんしゅ》の父《ちち》)
島津久光《しまづひさみつ》
(忠教《ただゆき》より改名《かいめい》)
藩主《はんしゅ》
島津茂久《しまづもちひさ》
勘定方小頭《かんじょうがたこがしら》
大久保正助《おおくぼしょうすけ》

磯浜《いそのはま》…現在《げんざい》の鹿児島県鹿児島市吉野町《かごしまけんかごしましよしのちょう》。

国父《こくふ》…藩主《はんしゅ》の実父《じっぷ》として久光《ひさみつ》が与《あた》えられた称号《しょうごう》。

勘定方小頭《かんじょうがたこがしら》…藩《はん》の財務《ざいむ》の役職《やくしょく》の一《ひと》つ。

国父《こくふ》様《さま》殿《との》ご覧《らん》あれ!
グッ
カッ

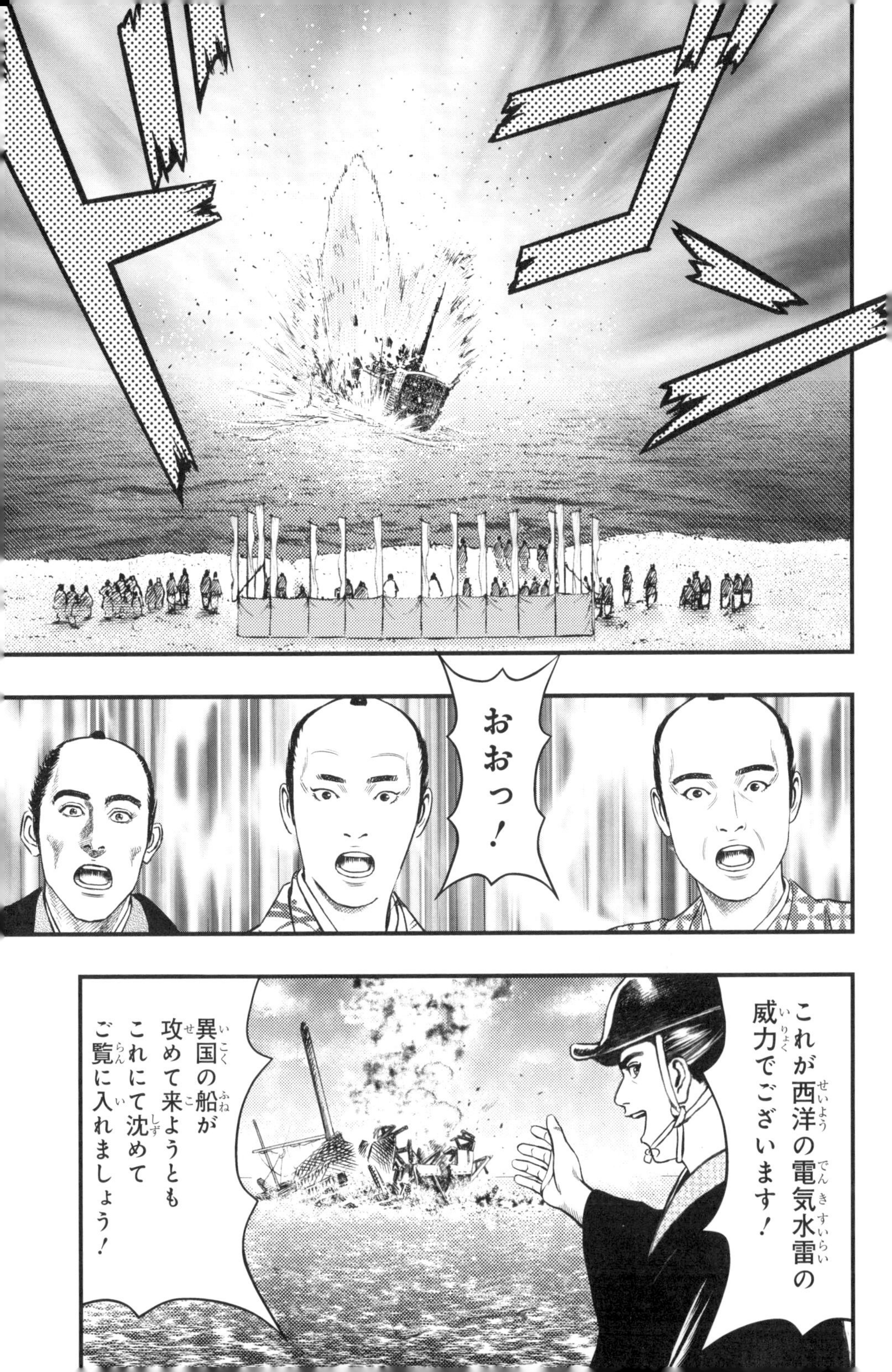
おおっ！
これが西洋《せいよう》の電気水雷《でんきすいらい》の威力《いりょく》でございます！
異国《いこく》の船《ふね》が攻《せ》めて来《こ》ようともこれにて沈《しず》めてご覧《らん》に入《い》れましょう！

この演習《えんしゅう》をきっかけに
国父《こくふ》・久光《ひさみつ》の信任《しんにん》を得《え》た
帯刀《たてわき》は　藩主《はんしゅ》の側近《そっきん》である
「お側役《そばやく》」に任《にん》じられ――
さらには　御改革方御内用掛《おんかいかくかたごないようがかり》を
拝命《はいめい》し　斉彬《なりあきら》が進《すす》めていた
薩摩藩《さつまはん》の近代化事業《きんだいかじぎょう》を復活《ふっかつ》させ
さらに発展《はってん》させることに力《ちから》を注《そそ》いだ
これにより
久光《ひさみつ》の帯刀《たてわき》への信頼《しんらい》は
より強固《きょうこ》なものとなった

御改革方御内用掛《おんかいかくかたごないようがかり》…藩政改革《はんせいかいかく》を行《おこな》う役所《やくしょ》で内々《ないない》の公務《こうむ》を担当《たんとう》する職《しょく》。

大久保一蔵《おおくぼいちぞう》（利通《としみち》）も
帯刀《たてわき》の配下《はいか》となる
父《ちち》・斉興《なりおき》とは違《ちが》い
私《わたし》は兄上《あにうえ》のご遺志《いし》を
継《つ》ぐつもりだ
「桜田門外《さくらだもんがい》の変《へん》」で
兄上《あにうえ》の宿敵《しゅくてき》・井伊大老《いいたいろう》が
暗殺《あんさつ》されて二年《ねん》……
国父《こくふ》として
藩政《はんせい》を掌握《しょうあく》するのに
時間《じかん》がかかったが
ようやく足場《あしば》は固《かた》まった

桜田門《さくらだもん》…江戸城内《えどじょうない》の門《もん》の一《ひと》つ。江戸城《えどじょう》の南西《なんせい》にあたる

今《いま》こそ武装上洛《ぶそうじょうらく》し朝廷《ちょうてい》を動《うご》かして公儀《こうぎ》を改革《かいかく》すべし！
帯刀《たてわき》 一切《いっさい》をそちに任《まか》せるぞ
……久光様《ひさみつさま》
スーッ
お任《まか》せください

第《だい》三章《しょう》　薩英戦争《さつえいせんそう》

文久《ぶんきゅう》二（1862）年《ねん》四月《がつ》
久光《ひさみつ》は約千名《やくせんめい》の藩兵《はんぺい》を
率《ひき》いて上洛《じょうらく》した

鎮撫《ちんぶ》…反乱《はんらん》や暴動《ぼうどう》などをしずめること。 勅命《ちょくめい》…天皇《てんのう》の命令《めいれい》。 攘夷《じょうい》…外国人《がいこくじん》を追《お》い払《はら》うこと。

小松《こまつ》は公卿《くぎょう》の近衛忠房《このえただふさ》を通《つう》じ幕府《ばくふ》を改革《かいかく》するための命令《めいれい》を朝廷《ちょうてい》から下《くだ》すよう働《はたら》きかける
天朝《てんちょう》と協力《きょうりょく》して公儀《こうぎ》を正《ただ》すという心《こころ》がけ主上《おかみ》もお喜《よろこ》びである
このごろ浪士《ろうし》どもが都《みやこ》を騒《さわ》がしておるまずはこれを鎮撫《ちんぶ》せよとの勅命《ちょくめい》じゃ
だが先入《さきい》りしていた一部《いちぶ》の急進派《きゅうしんは》の薩摩藩士《さつまはんし》は久光《ひさみつ》の上洛《じょうらく》を攘夷《じょうい》のためと信《しん》じ浪士《ろうし》たちとともに京《きょう》で過激《かげき》な政治活動《せいじかつどう》を行《おこな》おうとしていたのだった
……お待《ま》ちください
われらが必《かなら》ず説得《せっとく》いたします！勅命《ちょくめい》は しばし お待《ま》ちを

公卿《くぎょう》…公家《くげ》のうち位階《いかい》が「従三位《じゅさんみ》」より上《うえ》か、官職《かんしょく》が「参議《さんぎ》」以上《いじょう》の者《もの》。 主上《おかみ》…天皇《てんのう》のこと。 浪士《ろうし》…仕《つか》える主人《しゅじん》のいない武士《ぶし》。浪人《ろうにん》。

その後《ご》 急進派《きゅうしんは》への説得《せっとく》が試《こころ》みられるも聞《き》き入《い》れられず
有馬新七《ありましんしち》ら過激《かげき》な薩摩藩士《さつまはんし》たちは攘夷《じょうい》のため幕府役人《ばくふやくにん》の暗殺《あんさつ》を企《くわだ》てる——

暴走《ぼうそう》を止《と》めるため勅命《ちょくめい》を奉《ほう》じた薩摩藩士《さつまはんし》の手《て》により多《おお》くの急進派《きゅうしんは》薩摩藩士《さつまはんし》が討《う》たれる
これを「寺田屋事件《てらだやじけん》」という

私《わたし》の力《ちから》が足《た》りないために
薩摩人同士《さつまじんどうし》で
血《ち》を流《なが》してしもた
小松様《こまつさま》のせいでは
ございもはん
二度《ど》と……
このようなことは
繰《く》り返《かえ》さぬ

勅使《ちょくし》…天皇《てんのう》の使者《ししゃ》。

この事件《じけん》により薩摩《さつま》を信頼《しんらい》した朝廷《ちょうてい》は勅使《ちょくし》を幕府《ばくふ》に派遣《はけん》することを受《う》け入《い》れた
久光《ひさみつ》率《ひき》いる薩摩軍《さつまぐん》は勅使《ちょくし》を警護《けいご》するためともに江戸《えど》に下《くだ》った
江戸城《えどじょう》
14代将軍《だいしょうぐん》・徳川家茂《とくがわいえもち》

下向《げこう》…京《きょう》から地方《ちほう》へ行《い》くこと。

政事総裁職《せいじそうさいしょく》…幕府最高職《ばくふさいこうしょく》の大老《たいろう》と同等《どうとう》の要職《ようしょく》。御家門《ごかもん》（徳川将軍家親族《とくがわしょうぐんけしんぞく》）の大名《だいみょう》が大老《たいろう》になった例《れい》がないため、新設《しんせつ》された。

勅使下向《ちょくしげこう》を受《う》け幕府《ばくふ》は 松平春嶽《まつだいらしゅんがく》を政事総裁職《せいじそうさいしょく》に 一橋慶喜《ひとつばしよしのぶ》を将軍後見職《しょうぐんこうけんしょく》に 任命《にんめい》した
この改革《かいかく》により 久光《ひさみつ》の名《な》は 天下《てんか》に知《し》れ渡《わた》る
しかし 久光一行《ひさみついっこう》が 江戸《えど》から薩摩《さつま》に帰《かえ》る その帰途《きと》——
行列《ぎょうれつ》を横切《よこぎ》ろうとした イギリス人《じん》たちを 薩摩藩士《さつまはんし》が無礼討《ぶれいう》ちにした 「生麦事件《なまむぎじけん》」が発生《はっせい》する

将軍後見職《しょうぐんこうけんしょく》…幼少《ようしょう》または病弱《びょうじゃく》の将軍《しょうぐん》を補佐《ほさ》する幕府《ばくふ》の臨時職《りんじしょく》。

何《なに》も殺《ころ》さんでも……かわいそうなことをした
……まずいことになりもしたな
この事件《じけん》に怒《おこ》ったイギリスは翌文久三《よくぶんきゅう》（1863）年《ねん》七月《がっ》二日《ふつか》軍艦《ぐんかん》七隻《せき》で薩摩《さつま》に攻《せ》めてきた——「薩英戦争《さつえいせんそう》」の勃発《ぼっぱつ》である
ドドォン
ドォン
ドォン
小松帯刀《こまつたてわき》は薩摩藩家老《さつまはんかろう》としてこれを迎《むか》え撃《う》った

家老《かろう》…大名《だいみょう》の家臣《かしん》の最高職《さいこうしょく》。

ドオン
ドオオー
はっは〜
わがイギリス艦隊《かんたい》の大砲《たいほう》の性能《せいのう》を味《あじ》わうがいい
辛抱《しんぼう》しやんせ
もう少《すこ》しで
こちらの大砲《たいほう》の射程《しゃてい》に入《はい》るぞ

撃《う》てい！
ドオーン
ドオーン
ぐあっ！

オオオオッ
翌《よく》七月《がつ》三日《みっか》
来《き》たな　イギリス艦《かん》……
そのまま　まっすぐ来《こ》い
今《いま》こそ電気水雷《でんきすいらい》の
威力《いりょく》を発揮《はっき》する時《とき》じゃ

ドオーン
うわぁっ
砲台《ほうだい》からの砲撃《ほうげき》が早《はや》か！
ドオーン
そげんに撃《う》ったら……
クン
イギリス艦《かん》が行《い》ってしもた〜！
帯刀《たてわき》の電気水雷《でんきすいらい》は砲台《ほうだい》との連携《れんけい》ミスで不発《ふはつ》に終《お》わった

七月四日《がつよっか》
イギリス艦隊《かんたい》は
鹿児島湾《かごしまわん》から撤退《てったい》
イギリス艦隊《かんたい》
大破《たいは》一隻《せき》
中破《ちゅうは》二隻《せき》
死傷者《ししょうしゃ》六十三名《めい》
一方《いっぽう》 薩摩藩《さつまはん》は近代化《きんだいか》の象徴《しょうちょう》だった
化学工場群《かがくこうじょうぐん》の「集成館《しゅうせいかん》」をはじめ
城下《じょうか》の十分《ぶん》の一が焼《や》かれるという
大損害《だいそんがい》を受《う》けた
……チ

オオ
チェストーーッ!!
イギリスは撤退《てったい》した!
われら薩摩《さつま》の勝利《しょうり》じゃ!
薩摩隼人《さつまはやと》は
夷狄《いてき》には負《ま》けもはん!
オ
いやぁ 見事《みごと》に
負《ま》けもした!

薩摩隼人…薩摩の武士のこと。
夷狄…外国人を敵意を持って呼ぶ語。

城下《じょうか》は焼《や》け野原《のはら》！撤退《てったい》するイギリス艦隊《かんたい》を追《お》える船《ふね》は一艘《そう》もなし！先代《せんだい》・斉彬様《なりあきらさま》の築《きず》かれた近代化《きんだいか》の要《かなめ》・集成館《しゅうせいかん》はがれきの山《やま》ぞ！
イギリスは強《つよ》か！
じゃっどん……

この強《つよ》かイギリスと
もともと強《つよ》か薩摩《さつま》が組《く》めば
それこそ鬼《おに》に金棒《かなぼう》と
いうものでございもす
薩摩藩家老《さつまはんかろう》の帯刀《たてわき》は
藩論《はんろん》を講和《こうわ》でまとめ
横浜《よこはま》のイギリス公使館《こうしかん》で
和睦《わぼく》の談判《だんぱん》が持《も》たれた
この時《とき》の交渉《こうしょう》で
イギリスからの軍艦購入《ぐんかんこうにゅう》が決定《けってい》
──薩摩《さつま》とイギリスは
急速《きゅうそく》に関係《かんけい》を深《ふか》めていく

和睦《わぼく》…争《あらそ》いをやめて仲直《なかなお》りすること。

第《だい》四章《しょう》　討幕《とうばく》に向《む》けて

長州藩《ちょうしゅうはん》…現在《げんざい》の山口県萩市《やまぐちけんはぎし》に藩庁《はんちょう》を置《お》いた藩《はん》。
会津藩《あいづはん》…現在《げんざい》の福島県会津若松市《ふくしまけんあいづわかまつし》に藩庁《はんちょう》を置《お》いた藩《はん》。

元治元《げんじがん》（1864）年《ねん》七月《がつ》十九日《にち》
外様大名《とざまだいみょう》もふくめた
雄藩《ゆうはん》も幕政《ばくせい》に参加《さんか》する仕組《しく》みを
つくろうとしていた薩摩藩《さつまはん》と違《ちが》い——
過激《かげき》な尊王攘夷《そんのうじょうい》思想《しそう》を掲《かか》げる長州藩《ちょうしゅうはん》が
幕府勢力《ばくふせいりょく》を朝廷《ちょうてい》から排除《はいじょ》するべく挙兵《きょへい》
長州《ちょうしゅう》
京都《きょうと》
これを薩摩藩《さつまはん》・会津藩《あいづはん》などの軍《ぐん》を
中心《ちゅうしん》とする　幕府軍《ばくふぐん》が迎《むか》え撃《う》った
これを「禁門《きんもん》の変《へん》」という

外様大名《とざまだいみょう》…関ケ原《せきがはら》の合戦《かっせん》以後《いご》に徳川《とくがわ》の臣下《しんか》になった大名《だいみょう》。
尊王攘夷《そんのうじょうい》…天皇《てんのう》を尊《とうと》び、外国人《がいこくじん》を追《お》い払《はら》う思想《しそう》。

小松《こまつ》どの 甲冑《かっちゅう》に着替《きが》えぬのか!?
幕府軍総大将《ばくふぐんそうだいしょう》 一橋慶喜《ひとつばしよしのぶ》
京都守護職《きょうとしゅごしょく》 松平容保《まつだいらかたもり》
はは…… 指揮官《しきかん》が自《みずか》ら戦《たたか》う時《とき》は すでに戦《いくさ》は負《ま》けでごわす
負《ま》ければ死《し》ぬるだけ…… ならば身軽《みがる》なほうが よいかと存《ぞん》じまして

京都守護職《きょうとしゅごしょく》…京都《きょうと》および広《ひろ》く近畿《きんき》の治安《ちあん》にあたった、幕末《ばくまつ》の江戸《えど》幕府《ばくふ》の重職《じゅうしょく》。

なぁ 西郷《さいごう》
すでに長州軍《ちょうしゅうぐん》の攻撃《こうげき》が始《はじ》まっておりもす
いざ前線《ぜんせん》へ！
島津久光《しまづひさみつ》と折《お》り合《あ》いが悪《わる》く沖永良部島《おきのえらぶじま》に遠島《えんとう》になっていた西郷吉之助《さいごうきちのすけ》（隆盛《たかもり》）は罪《つみ》を許《ゆる》され帯刀《たてわき》とともに薩摩軍《さつまぐん》を指揮《しき》していた
西郷吉之助《さいごうきちのすけ》
おう！
スッ
フワッ

沖永良部島《おきのえらぶじま》…鹿児島《かごしま》から約《やく》五百《ひゃく》五十キロメートルの洋上《ようじょう》にある奄美群島《あまみぐんとう》の島《しま》。
遠島《えんとう》…罪人《ざいにん》を辺境《へんきょう》の島《しま》に送《おく》る刑《けい》。

タン
なんたる見事《みごと》な
手綱《たづな》さばき

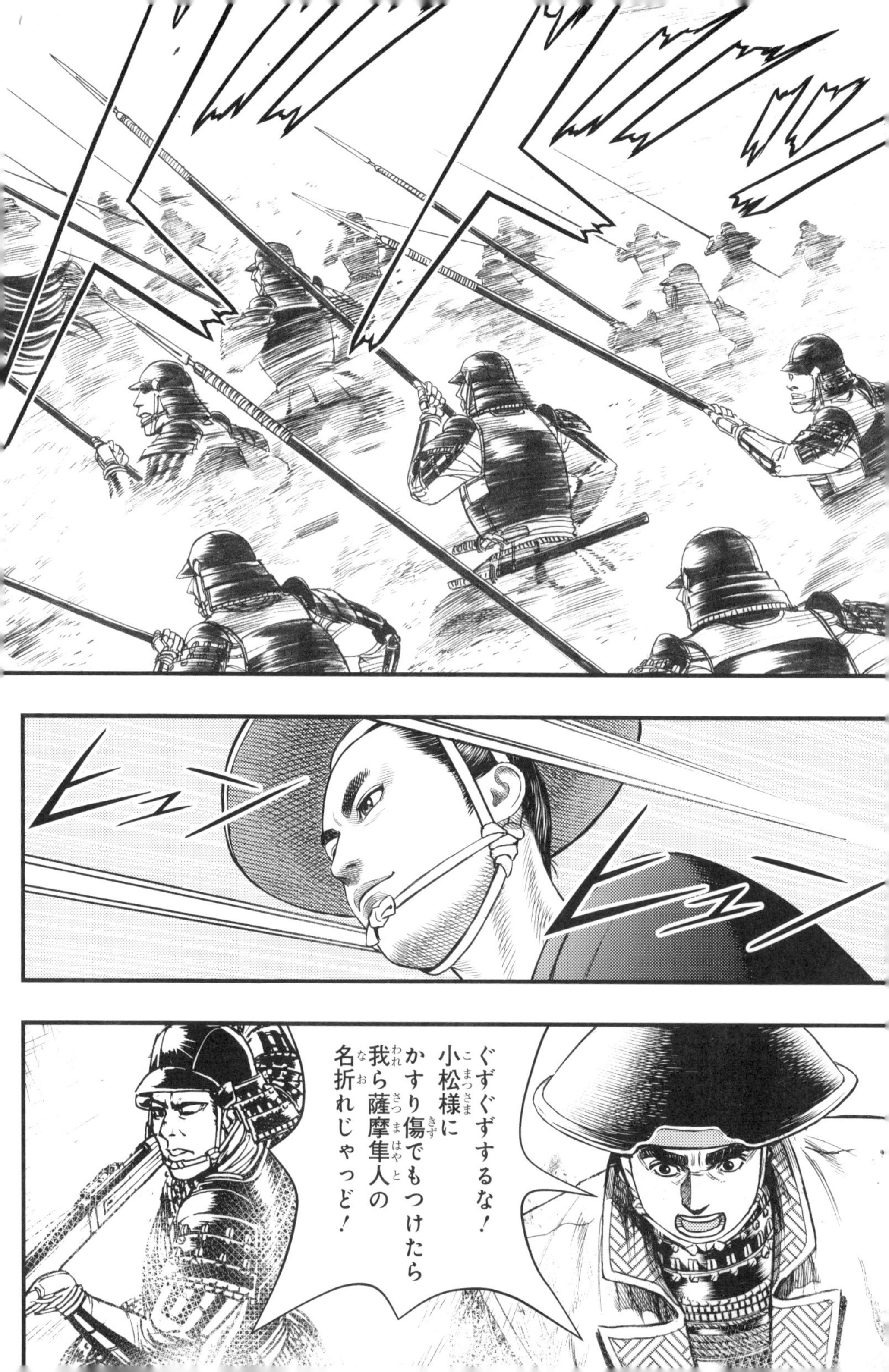
ヒュン
ヒュン
ぐずぐずするな！小松様《こまつさま》にかすり傷《きず》でもつけたら我《われ》ら薩摩隼人《さつまはやと》の名折《なお》れじゃっど！

いやぁ 見事《みごと》な大勝利《だいしょうり》！ これで長州《ちょうしゅう》の勢力《せいりょく》は 完全《かんぜん》に京《きょう》から排除《はいじょ》 されもした
勝《か》ったのはいいが 京《きょう》の町《まち》がすっかり 焼《や》けてしもたな

民衆《みんしゅう》に かゆが 配《くば》られておる…… いったい だれが
小松様《こまつさま》が長州藩《ちょうしゅうはん》から奪《うば》った兵糧米《ひょうろうまい》を焼《や》け出《だ》された町人《ちょうにん》に分《わ》け与《あた》えよと……
……ふっ

兵糧《ひょうろう》……戦時《せんじ》の軍隊《ぐんたい》の食糧《しょくりょう》。

小松帯刀《こまつたてわき》……
やはり すごか 御仁《ごじん》じゃ

幕府《ばくふ》は長州征討《ちょうしゅうせいとう》を決《き》め 薩摩《さつま》も出兵《しゅっぺい》を命《めい》じられる
薩摩《さつま》がともに戦《たたか》ったにもかかわらず 外様大名《とざまだいみょう》が政治《せいじ》に参加《さんか》するのを よしとしない一橋慶喜《ひとつばしよしのぶ》は 幕府《ばくふ》の権力《けんりょく》と権威《けんい》の回復《かいふく》を図《はか》った

長州《ちょうしゅう》の力《ちから》ば削《そ》いだのはよかじゃがこんままでは公儀《こうぎ》が力《ちから》を持《も》ちすぎることになっど
大坂《おおさか》・薩摩藩邸《さつまはんてい》
その幕府《ばくふ》の軍艦奉行《ぐんかんぶぎょう》の勝海舟先生《かつかいしゅうせんせい》に先日《せんじつ》お会《あ》いした時《とき》妙《みょう》なことを仰《おっしゃ》った
「公儀《こうぎ》はもうだめじゃ」ち……
勝海舟《かつかいしゅう》

大坂《おおさか》…現在《げんざい》の大阪《おおさか》。

軍艦奉行《ぐんかんぶぎょう》…海陸《かいりく》の警戒《けいかい》、船《ふね》の製造《せいぞう》、軍艦《ぐんかん》の操縦訓練《そうじゅうくんれん》などを担当《たんとう》する幕府《ばくふ》の役職《やくしょく》。

なっ!?
………
さすがは勝先生《かつせんせい》
……おいたちも考《かんが》え方《かた》を改《あらた》めねばならぬようだ
どういうことでごわすか?
斉彬様《なりあきらさま》の遺志《いし》を継《つ》いで薩摩《さつま》が公武合体《こうぶがったい》を進《すす》めた結果《けっか》……
朝廷《ちょうてい》を中心《ちゅうしん》として外様《とざま》を含《ふく》めた諸侯《しょこう》が政治《せいじ》に参加《さんか》する新《あら》たな日本《にほん》の可能性《かのうせい》が生《う》まれもした

公武合体《こうぶがったい》…朝廷《ちょうてい》と幕府《ばくふ》が一体《いったい》となり内外《ないがい》の問題《もんだい》に対処《たいしょ》しようとした構想《こうそう》。諸侯《しょこう》…大名《だいみょう》たち。

ところが今《いま》の公儀《こうぎ》は幕府《ばくふ》だけで政治《せいじ》を独占《どくせん》する昔《むかし》ながらのやり方《かた》に回帰《かいき》しようとしている
日本《にほん》を欧米列強《おうべいれっきょう》の植民地《しょくみんち》にしないためにはわが薩摩藩《さつまはん》をはじめ長州藩《ちょうしゅうはん》などもふくめた雄藩《ゆうはん》が一体《いったい》にならねばならぬ
吉之助《きちのすけ》 長州《ちょうしゅう》を潰《つぶ》してはなりもはん
長州征討《ちょうしゅうせいとう》において薩摩軍《さつまぐん》を指揮《しき》していた西郷《さいごう》はこののち 早期和平《そうきわへい》に向《む》けて動《うご》き長州《ちょうしゅう》を滅亡《めつぼう》から救《すく》った

列強《れっきょう》…力《ちから》の強《つよ》い国々《くにぐに》。

元治元《げんじがん》（1864）年《ねん》十一月《がつ》
軍艦奉行《ぐんかんぶぎょう》・勝海舟《かつかいしゅう》の失脚《しっきゃく》に伴《ともな》い
幕府《ばくふ》の神戸《こうべ》海軍操練所《かいぐんそうれんじょ》が閉鎖《へいさ》
隣接《りんせつ》する勝《かつ》の私塾《しじゅく》も解散《かいさん》となった
行《い》き場《ば》を失《うしな》った塾生《じゅくせい》たちを
帯刀《たてわき》は一存《いちぞん》で薩摩藩《さつまはん》に
迎《むか》え入《い》れた
小松様《こまつさま》 こげな浪人《ろうにん》を集《あつ》めて どげんするつもりで ごわすか？
この者《もの》たちは 蒸気船《じょうきせん》を操《あやつ》れる
先《さき》の薩英戦争《さつえいせんそう》で 薩摩《さつま》の海軍《かいぐん》は 壊滅《かいめつ》してもうたでな この者《もの》たちの力《ちから》を借《か》りて 立《た》て直《なお》すのだ
……なるほど

神戸《こうべ》海軍操練所《かいぐんそうれんじょ》…江戸《えど》幕府《ばくふ》が神戸《こうべ》に開設《かいせつ》した海軍《かいぐん》の学校《がっこう》。私塾《しじゅく》が隣接《りんせつ》され、こちらは身分《みぶん》に関係《かんけい》なく入《はい》れた。

塾頭《じゅくとう》の土佐浪士《とさろうし》
坂本龍馬《さかもとりょうま》じゃ
仲間《なかま》が ほかにも三十人《にん》ばかりおる よろしく頼《たの》むぜよ
き 貴様《きさま》 無礼《ぶれい》では……
じゃが 一方的《いっぽうてき》に世話《せわ》になるいうんは わしらの性《しょう》に合《あ》わんきに 独立《どくりつ》して商売《しょうばい》させて ほしいんじゃ
独立《どくりつ》？

わしらは
船《ふね》が動《うご》かせる
商売《しょうばい》もできる
例《たと》えば……
薩摩《さつま》の船《ふね》を借《か》りて
長州《ちょうしゅう》に売《う》る武器《ぶき》や
弾薬《だんやく》を運《はこ》ぶ
何《なん》やち!?

ハハハハッー
ほんのこて面白《おもしろ》か お人《ひと》じゃ
わかりもした さしあたり 長崎《ながさき》の 薩摩《さつま》商館《しょうかん》を拠点《きょてん》に 商売《しょうばい》を始《はじ》めると よいでしょう
スッ
シェイキ・ハンドですな

シェイキ・ハンド…英語《えいご》で「握手《あくしゅ》」の意《い》。シェイク・ハンド。

こうして薩摩藩《さつまはん》の援助《えんじょ》で
亀山社中《かめやましゃちゅう》が誕生《たんじょう》した
龍馬《りょうま》は社中《しゃちゅう》の商売《しょうばい》を通《つう》じて
薩摩藩《さつまはん》と長州藩《ちょうしゅうはん》を接近《せっきん》させていく

社中《しゃちゅう》…目的《もくてき》が同《おな》じ人々《ひとびと》で構成《こうせい》される仲間《なかま》や組織《そしき》。

薩摩《さつま》・鶴丸城《つるまるじょう》
公儀《こうぎ》は強引《ごういん》に 再《ふたた》び 長州征討《ちょうしゅうせいとう》を決定《けってい》した
今度《こんど》こそ本当《ほんとう》に 長州《ちょうしゅう》を滅《ほろ》ぼすつもりだ
そなたの指示《しじ》で 西郷《さいごう》や大久保《おおくぼ》たちは いろいろと画策《かくさく》 している様子《ようす》
……大丈夫《だいじょうぶ》か？
いざという時《とき》には 国父様《こくふさま》にも腹《はら》をくくって いただかなくてはなりもさぬ
西郷《さいごう》にも大久保《おおくぼ》にも 一片《いっぺん》の私心《ししん》もございませぬ
それは この帯刀《たてわき》とて 同《おな》じこと……しかし

日本《にほん》のために やむなしとなれば わが薩摩《さつま》を なげうち 幕府《ばくふ》と相対《あいたい》する時《とき》が 来《く》るやもしれませぬ
これは先代《せんだい》の斉彬様《なりあきらさま》も お覚悟《かくご》なされていたことかと
ただ 決《けっ》して薩摩藩《さつまはん》を 無謀《むぼう》に なげうったりは 誓《ちか》っていたしませぬ
この帯刀《たてわき》に お任《まか》せください
わ わかった…… よろしく頼《たの》むぞ

慶応《けいおう》二（1866）年正月《ねんしょうがつ》
京《きょう》・小松邸《こまつてい》
坂本龍馬《さかもとりょうま》の仲介《ちゅうかい》で
薩摩《さつま》と長州《ちょうしゅう》が手《て》を組《く》む
ための会議《かいぎ》が行《おこな》われた
亀山社中《かめやましゃちゅう》を通《つう》じての
武器《ぶき》の提供《ていきょう》
まずは御礼申《おんれいもう》し上《あ》げる
長州藩士《ちょうしゅうはんし》
桂小五郎《かつらこごろう》
（のちの木戸孝允《きどたかよし》）
小松殿《こまつどの》のご尽力《じんりょく》と
うかがっております

こたびの長州再征討《ちょうしゅうさいせいとう》
薩摩《さつま》は長州《ちょうしゅう》と公儀《こうぎ》との
和議《わぎ》を斡旋《あっせん》したいと
思《おも》うておりもす
ここは一《ひと》つ 形《かたち》だけでも
公儀《こうぎ》に頭《あたま》を下《さ》げては
もらえぬか？
それは……
できません
……こたびの件《けん》は
まったくの冤罪《えんざい》
長州《ちょうしゅう》は堂々《どうどう》と受《う》けて立《た》つ
……なんとしても
長州藩《ちょうしゅうはん》との妥協《だきょう》を
図《はか》らねばならぬ
すべては……
「日本《にほん》」のために！

和議《わぎ》……仲直《なかなお》りのための相談《そうだん》。斡旋《あっせん》……間《あいだ》に入《はい》り両者《りょうしゃ》がうまくいくよう、とりもつこと。冤罪《えんざい》……無実《むじつ》の罪《つみ》。

今度《こんど》の第《だい》二次《じ》長州征討《ちょうしゅうせいとう》には薩摩《さつま》は参加《さんか》しもはん
そして……
公儀《こうぎ》があくまで長州《ちょうしゅう》を滅《ほろ》ぼそうとするならば……
薩摩《さつま》は長州《ちょうしゅう》とともに戦《たたか》う覚悟《かくご》でごわす

な……！
帯刀様《たてわきさま》！
慶応《けいおう》二（1866）年《ねん》
正月《しょうがつ》二十一日《にち》

数々《かずかず》の困難《こんなん》を乗《の》り越《こ》え
ついに「薩長同盟《さっちょうどうめい》」が成立《せいりつ》した

慶応《けいおう》二（1866）年《ねん》六月七日《がつなのか》
第二次長州征討《だいじちょうしゅうせいとう》が始《はじ》まったが
薩摩《さつま》からの武器援助《ぶきえんじょ》を受《う》けた
長州軍《ちょうしゅうぐん》に幕府軍《ばくふぐん》は苦《くる》しめられ
さらに将軍《しょうぐん》・家茂《いえもち》が死去《しきょ》し
九月二日《がつふつか》に撤退《てったい》を決定《けってい》する
――幕府《ばくふ》の権威《けんい》は失墜《しっつい》し
討幕《とうばく》の機運《きうん》が高《たか》まっていった
また 帯刀《たてわき》は
イギリス公使《こうし》パークスと
接触《せっしょく》するなど諸外国《しょがいこく》に向《む》けて
幕府《ばくふ》以外《いがい》の新政権《しんせいけん》の可能性《かのうせい》を
アピールし続《つづ》けていた
慶応《けいおう》三（1867）年《ねん》の
パリ万国博覧会《ばんこくはくらんかい》においては
幕府《ばくふ》の展示《てんじ》とは別《べつ》に
「薩摩琉球国《さつまりゅうきゅうこく》」として
独自《どくじ》の展示《てんじ》を行《おこな》った

万国博覧会《ばんこくはくらんかい》…世界各国《せかいかっこく》の文化《ぶんか》と産業《さんぎょう》を展示《てんじ》する国際的規模《こくさいてききぼ》の博覧会《はくらんかい》「国際博覧会《こくさいはくらんかい》」の通称《つうしょう》。万博《ばんぱく》。

パリ万博《ばんぱく》…… できれば おい自身《じしん》が 行《い》きたかったが……
なんの帯刀《たてわき》さん 聞《き》けば フランス国皇帝《こくこうてい》 ナポレオン三世《せい》への 薩摩《さつま》琉球国勲章《りゅうきゅうこくくんしょう》の贈呈《ぞうてい》などで 幕府《ばくふ》よりはるかに存在感《そんざいかん》を 示《しめ》すことができたとか……
薩摩琉球國
心配《しんぱい》せず とも……
いや そげんこつ じゃなく……

ナポレオン三世《せい》…フランス皇帝《こうてい》（在位《ざいい》1852〜1870）。
勲章《くんしょう》…国《くに》に対《たい》する功績《こうせき》を表彰《ひょうしょう》して授《さず》けられる、しるし。

楽《たの》しそうだなぁ と思《おも》うてな
ははっ ひょっとして ワシんように 総髪《そうはつ》にしたのは 海外渡航《かいがいとこう》を 考《かんが》えてか？
じゃが 今《いま》 おまんに この国《くに》を離《はな》れさせる わけにはいかんき
わかっている 諸外国《しょがいこく》からの 内政干渉《ないせいかんしょう》を防《ふせ》ぐ ためにも……
どげんしてでも 平和的《へいわてき》な政権交代《せいけんこうたい》を 実現《じつげん》せねばなりもはん！

総髪《そうはつ》…男性《だんせい》の髪型《かみがた》の一《ひと》つ。月代《さかやき》を剃《そ》らずに髪《かみ》を伸《の》ばし、頭頂《とうちょう》で束《たば》ねて結《ゆ》うか、束《たば》ねずに後《うし》ろへなでつけて下《お》ろしたもの。

薩摩《さつま》と盟約《めいやく》を結《むす》ぶ土佐藩《とさはん》は
家茂《いえもち》の死後《しご》 十五代将軍《だいしょうぐん》に
就任《しゅうにん》した慶喜《よしのぶ》に対《たい》して
朝廷《ちょうてい》への政権返上《せいけんへんじょう》——
「大政奉還《たいせいほうかん》」を提案《ていあん》した
慶応《けいおう》三（1867）年《ねん》
十月《がつ》十三日《にち》
京《きょう》の二条城大広間《にじょうじょうおおひろま》に
在京《ざいきょう》の各藩重臣《かくはんじゅうしん》が集《あつ》められ
大政奉還《たいせいほうかん》についての
意見《いけん》が求《もと》められた

二条城《にじょうじょう》…現在《げんざい》の京都府京都市中京区二条城町《きょうとふきょうとしなかぎょうくにじょうじょうちょう》にある城《しろ》。

直答《じきとう》を許《ゆる》す 意見《いけん》のある者《もの》は 申《もう》すがよい
こたびの件《けん》 ご老中《ろうじゅう》がたは猛反対《もうはんたい》 されるでしょうが 怯《ひる》んではなりませぬ
上様《うえさま》は将軍《しょうぐん》にて あらせられます 薩摩《さつま》も及《およ》ばずながら ご支援《しえん》いたします
今《いま》なんとしても 避《さ》けねばならぬのは 日本《にほん》を二《ふた》つに分《わ》けた 朝幕《ちょうばく》の戦《いくさ》
そうなれば列強《れっきょう》は 必《かなら》ずや干渉《かんしょう》して 日本《にほん》を清国《しんこく》のように するでしょう

朝幕《ちょうばく》…朝廷《ちょうてい》と幕府《ばくふ》。干渉《かんしょう》…他国《たこく》の内政《ないせい》や外交《がいこう》に介入《かいにゅう》し、その国《くに》の主権《しゅけん》を侵害《しんがい》すること。

なにとぞ……なにとぞ日本国家《にほんこっか》のためにご決断《けつだん》を願《ねが》いまする！
……礼《れい》を言《い》う
これで余《よ》の決意《けつい》も固《かた》まったぞ
帯刀《たてわき》の説得《せっとく》により慶喜《よしのぶ》は十月十四日《がつじゅうよっか》大政奉還《たいせいほうかん》を奏上《そうじょう》する

奏上《そうじょう》…天皇《てんのう》に申《もう》し上《あ》げること。

平和的《へいわてき》政権交代《せいけんこうたい》を目指《めざ》し
帯刀《たてわき》や坂本龍馬《さかもとりょうま》が主導《しゅどう》した
大政奉還《たいせいほうかん》
しかし 実《じつ》は十月《がつ》十三日《にち》には
「討幕《とうばく》の密勅《みっちょく》」が薩摩《さつま》に下《くだ》されており
大久保《おおくぼ》がそれを受《う》け取《と》っていた
薩摩藩《さつまはん》は大政奉還《たいせいほうかん》を図《はか》ると同時《どうじ》に
武力《ぶりょく》による討幕《とうばく》の道《みち》も探《さぐ》っていたのである

密勅《みっちょく》…天皇《てんのう》の秘密《ひみつ》の命令《めいれい》。

第《だい》五章《しょう》　新政府《しんせいふ》

大政奉還《たいせいほうかん》が
奏上《そうじょう》された以上《いじょう》
「討幕《とうばく》の密勅《みっちょく》」は使《つか》わぬ
じゃっどん　徳川慶喜公《とくがわよしのぶこう》が
その実力《じつりょく》を残《のこ》したまま
朝廷《ちょうてい》の会議《かいぎ》に出《で》たら
何《なに》も変《か》わりもはん
幕府《ばくふ》を滅《ほろ》ぼさない限《かぎ》り
新《あたら》しい政治《せいじ》の仕組《しく》みは
できもはん
……お体《からだ》のほうは
大丈夫《だいじょうぶ》でもすか？
ああ　持病《じびょう》の足痛《そくつう》が
最近《さいきん》の激務《げきむ》で
少々悪化《しょうしょうあっか》してな……

おはんらの心配《しんぱい》は　わからんでもなか
おいも成《な》り行《ゆ》きを見守《みまも》るために京《きょう》への出兵《しゅっぺい》は必要《ひつよう》と考《かんが》えておる
じゃっどん決《けっ》して早《はや》まるでないぞ
欧米列強《おうべいれっきょう》につけいらせぬためには内戦《ないせん》を起《お》こさぬことが最善《さいぜん》の策《さく》なのだ
慶応《けいおう》三（1867）年《ねん》十月《がつ》二十六日《にち》三人《にん》は出兵《しゅっぺい》の準備《じゅんび》のため薩摩《さつま》に戻《もど》るが――

病状《びょうじょう》が悪化《あっか》した帯刀《たてわき》は
京《きょう》に戻《もど》ることが
できなかった
……西郷《さいごう》…大久保《おおくぼ》に限《かぎ》らず
徳川《とくがわ》を完全《かんぜん》に潰《つぶ》そうとする
者《もの》たちはまだ大勢《おおぜい》いる
これ以上《いじょう》の内戦《ないせん》は
外国《がいこく》がつけこむだけ
だろうに……
どげんかして
おいや龍馬《りょうま》どので
彼《かれ》らを抑《おさ》えねば！……
ガッ
大変《たいへん》です！

十一月《がつ》十五日《にち》
坂本龍馬《さかもとりょうま》暗殺《あんさつ》
享年《きょうねん》三十三
坂本龍馬《さかもとりょうま》さぁが
暗殺《あんさつ》されもした！
ザクッ

王政復古《おうせいふっこ》…幕府制度《ばくふせいど》を廃止《はいし》し、政権《せいけん》を朝廷《ちょうてい》に戻《もど》すこと。

鳥羽《とば》…現在《げんざい》の京都府京都市《きょうとふきょうとし》の南区上鳥羽《みなみくかみとば》と伏見区下鳥羽《ふしみくしもとば》。

伏見《ふしみ》…現在《げんざい》の京都府京都市伏見区《きょうとふきょうとしふしみく》。

十二月九日《がつここのか》 帯刀不在《たてわきふざい》の京《きょう》で
「王政復古《おうせいふっこ》の大号令《だいごうれい》」が発布《はっぷ》され
薩長中心《さっちょうちゅうしん》の討幕派《とうばくは》の働《はたら》きかけで
幕府《ばくふ》の廃止《はいし》と 天皇中心《てんのうちゅうしん》の新政府《しんせいふ》を
つくることが宣言《せんげん》された
直後《ちょくご》に開《ひら》かれた小御所会議《こごしょかいぎ》において
徳川慶喜《とくがわよしのぶ》の官位辞退《かんいじたい》と所領返上《しょりょうへんじょう》が
命《めい》じられ 徳川家《とくがわけ》は新政府《しんせいふ》から
締《し》め出《だ》されることになる

これを不満《ふまん》とする
幕府軍《ばくふぐん》が
討幕派《とうばくは》に戦《たたか》いを挑《いど》み――
慶応《けいおう》四（１８６８）年《ねん》
正月三日《しょうがつみっか》
鳥羽《とば》・伏見《ふしみ》の戦《たたか》いが勃発《ぼっぱつ》し
「戊辰戦争《ぼしんせんそう》」の幕《まく》が上《あ》がる

戊辰戦争《ぼしんせんそう》…慶応《けいおう》四（１８６８）年正月《ねんしょうがつ》の鳥羽《とば》・伏見《ふしみ》の戦《たたか》いから明治《めいじ》二（１８６９）年《ねん》五月《がつ》の箱館戦争終結《はこだてせんそうしゅうけつ》までの新政府軍《しんせいふぐん》と旧幕府派《きゅうばくふは》の戦争《せんそう》をいう。

帯刀《たてわき》がなんとか上京《じょうきょう》できる
ようになったのは
正月《しょうがつ》十八日《にち》のことであった
帯刀様《たてわきさま》
お許《ゆる》しください
時《とき》の勢《いきお》いで
ごわした……
……現場《げんば》を任《まか》せた
おはんらが判断《はんだん》したのだ
それでよか
じゃっどん……

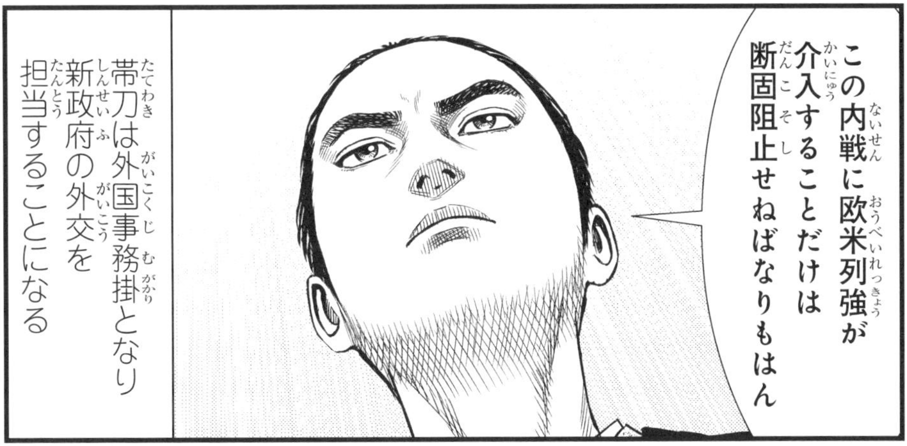
この内戦《ないせん》に欧米列強《おうべいれっきょう》が介入《かいにゅう》することだけは断固阻止《だんこそし》せねばなりもはん
帯刀《たてわき》は外国事務掛《がいこくじむがかり》となり新政府《しんせいふ》の外交《がいこう》を担当《たんとう》することになる

外国事務掛《がいこくじむがかり》…外交《がいこう》などの事務《じむ》を行《おこな》う新政府《しんせいふ》の役職《やくしょく》。

二月《がつ》十五日《にち》 戊辰戦争《ぼしんせんそう》のさなか堺《さかい》でフランス海兵《かいへい》と土佐藩兵《とさはんぺい》との間《あいだ》で戦闘《せんとう》が起《お》こりフランス海兵《かいへい》十一名《めい》が死亡《しぼう》――フランスは強《つよ》く抗議《こうぎ》し戦闘《せんとう》に参加《さんか》した土佐藩士《とさはんし》の処罰《しょばつ》を求《もと》めた

堺《さかい》…現在《げんざい》の大阪府堺市《おおさかふさかいし》。

堺《さかい》・土佐《とさ》藩宿舎《はんしゅくしゃ》
……諸君《しょくん》らの言《い》い分《ぶん》は わかりもした
日本人《にほんじん》として やむにやまれぬ行動《こうどう》で あったことは理解《りかい》する
フランスは徳川《とくがわ》に味方《みかた》して 参戦《さんせん》する口実《こうじつ》を探《さが》しておる ……欧米《おうべい》が内戦《ないせん》に関《かか》われば 日本《にほん》の植民地化《しょくみんちか》の可能性《かのうせい》もある
今《いま》 フランスとの戦《いくさ》は 絶対《ぜったい》に避《さ》けねばならぬ

我《われ》ら もとより 決死《けっし》の覚悟《かくご》！
日本武士《にほんぶし》の死《し》の作法《さほう》 夷狄《いてき》に見《み》せつけ申《もう》す！
待《ま》て！ 軽々《かるがる》しく命《いのち》を捨《す》てては なりもはん！
お止《と》めあるな！

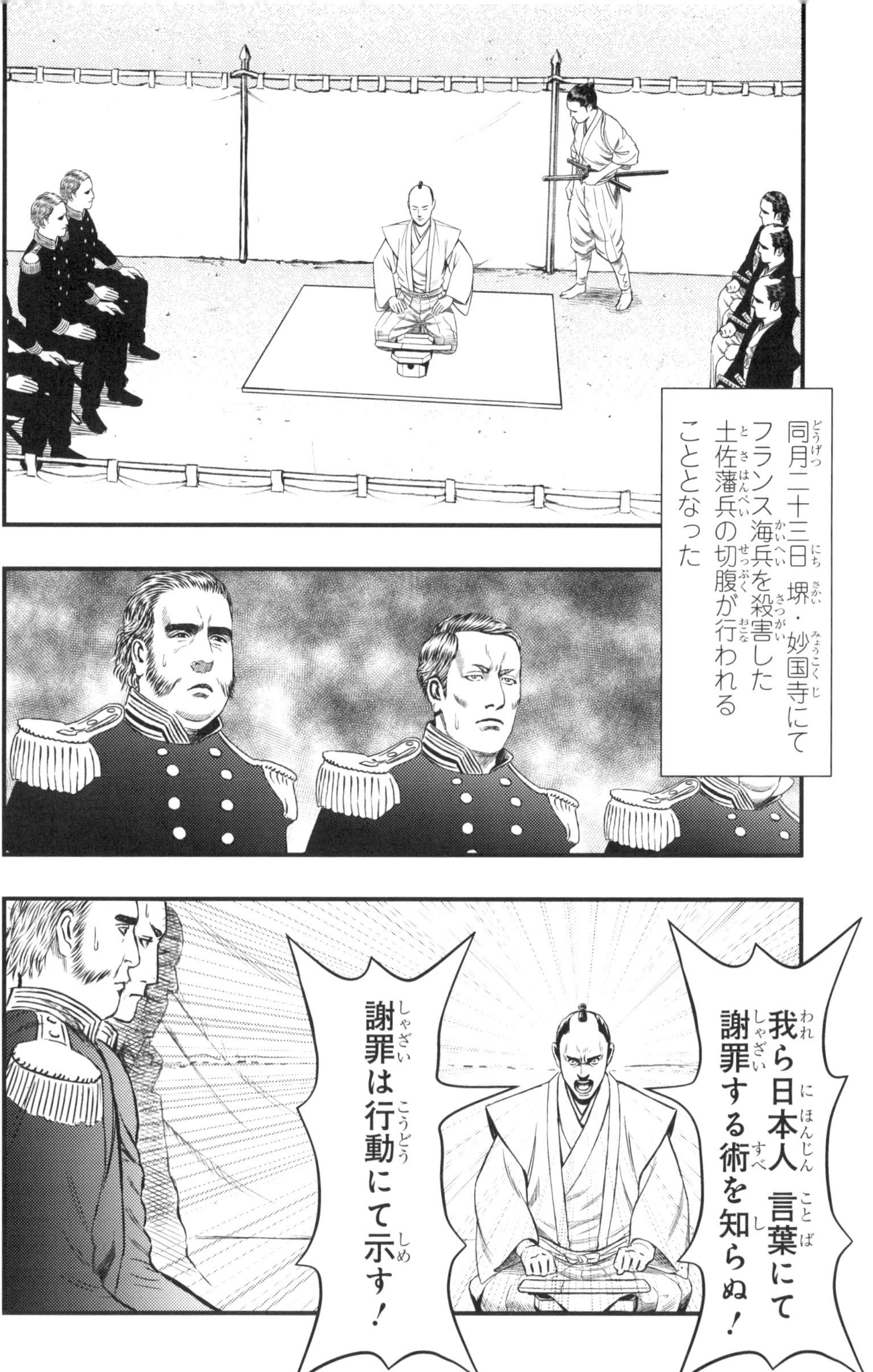
同月《どうげつ》二十三日《にち》 堺《さかい》・妙国寺《みょうこくじ》にて
フランス海兵《かいへい》を殺害《さつがい》した
土佐藩兵《とさはんぺい》の切腹《せっぷく》が行《おこな》われる
こととなった
我《われ》ら日本人《にほんじん》 言葉《ことば》にて謝罪《しゃざい》する術《すべ》を知《し》らぬ！
謝罪《しゃざい》は行動《こうどう》にて示《しめ》す！

妙国寺《みょうこくじ》…現在《げんざい》の大阪府《おおさかふ》堺市《さかいし》堺区《さかいく》材木町東《ざいもくちょうひがし》にある寺《てら》。

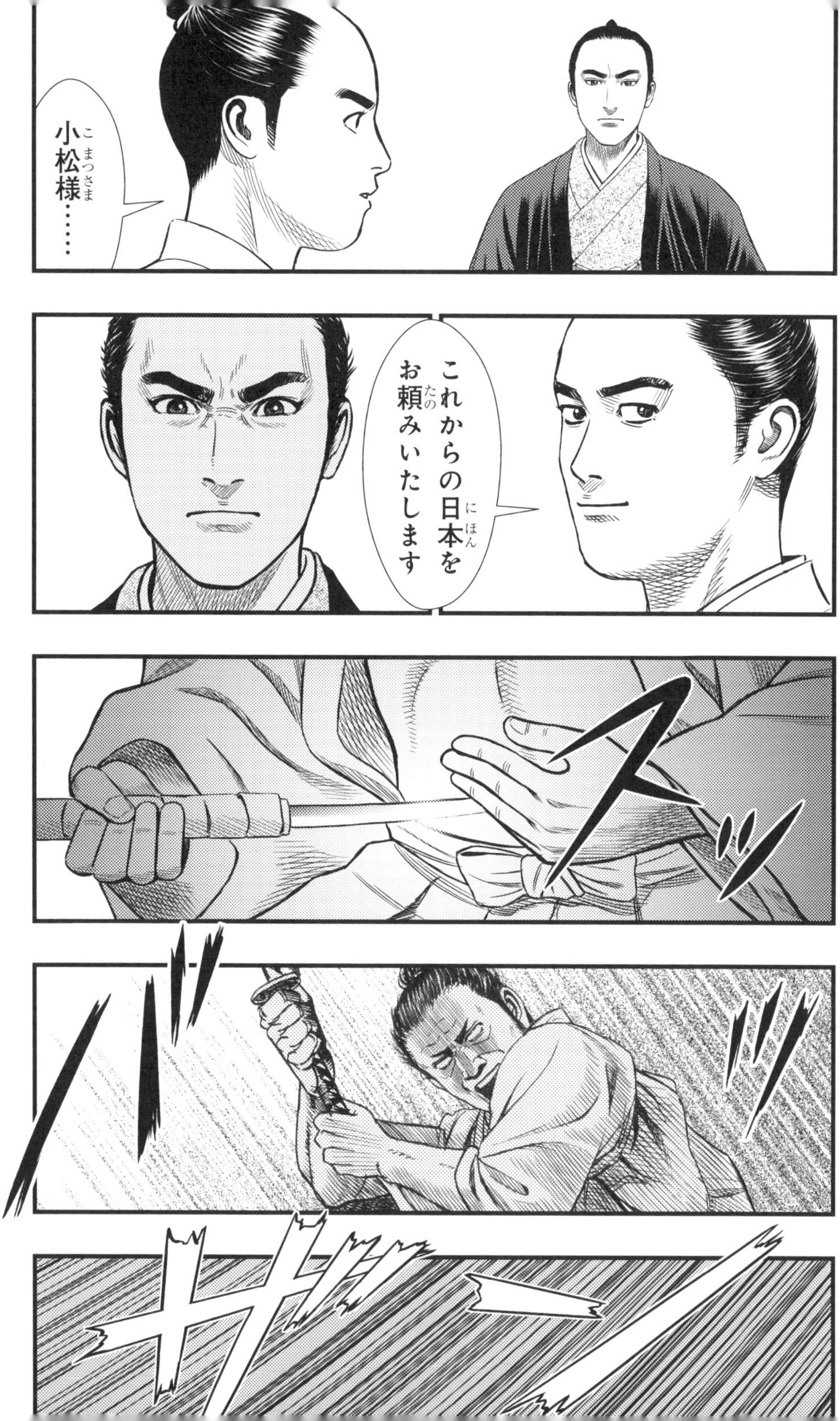
小松様《こまつさま》……
これからの日本《にほん》を
お頼《たの》みいたします
スッ

バッ
バッ
も　もうよいです
わ　わかりました！
ダッ
カッ
やめよ
中止《ちゅうし》じゃ！

……これが……
これが日本《にほん》の侍《さむらい》じゃ
ポッ
ポッ

ザアアア……
ひと月半後《つきはんご》の
慶応《けいおう》四(1868)年《ねん》
四月《がつ》十一日《にち》
江戸城《えどじょう》無血開城《むけつかいじょう》――
江戸幕府《えどばくふ》は消滅《しょうめつ》した
帝《みかど》を中心《ちゅうしん》とした新《あたら》しい日本《にほん》のため
藩《はん》ごとに土地《とち》と領民《りょうみん》を統治《とうち》してきた
これまでのやり方《かた》を
変《か》えねばなりもはん　じゃっどん……
国父《こくふ》の久光様《ひさみつさま》を含《ふく》めて
反発《はんぱつ》する殿様《とのさま》は
大勢《おおぜい》おるじゃろうな……
くっ
足《あし》が……
帯刀様《たてわきさま》

無血開城《むけつかいじょう》…戦闘《せんとう》を行《おこな》わずに城《しろ》を明《あ》け渡《わた》すこと。

帯刀《たてわき》は再《ふたた》び病《やまい》に倒《たお》れ
明治《めいじ》二(1869)年《ねん》
正月《しょうがつ》に薩摩《さつま》に帰郷《ききょう》した
……小松家《こまつけ》の領地《りょうち》と家格《かかく》を返上《へんじょう》する
すべての藩《はん》の殿様《とのさま》に領地《りょうち》を返上《へんじょう》していただかなくてはならぬ
国父様《こくふさま》や藩主様《はんしゅさま》に「薩摩《さつま》を返上《へんじょう》していただきたい」と願《ねが》い出《で》るに 自分《じぶん》の領地《りょうち》はそのままというわけには参《まい》りもはん
……あなた……
六月《がつ》
「版籍奉還《はんせきほうかん》」が実施《じっし》され
すべての土地《とち》と人民《じんみん》は
新政府《しんせいふ》が治《おさ》めることと
なった

家格《かかく》…家《いえ》の地位《ちい》や格式《かくしき》。

版籍奉還《はんせきほうかん》…藩《はん》が治《おさ》めていた土地《とち》と人民《じんみん》を天皇《てんのう》に返上《へんじょう》すること。

帯刀《たてわき》の不在《ふざい》を埋《う》めるかのように
西郷隆盛《さいごうたかもり》・大久保利通《おおくぼとしみち》・木戸孝允《きどたかよし》は
新政府《しんせいふ》の中心人物《ちゅうしんじんぶつ》となっていく

帯刀《たてわき》は自《みずか》らの後任《こうにん》に
薩摩藩士《さつまはんし》ではなく
肥前佐賀藩士《ひぜんさがはんし》の
大隈重信《おおくましげのぶ》を推薦《すいせん》した
のちに薩摩《さつま》・長州出身者《ちょうしゅうしゅっしんしゃ》以外《いがい》で
初《はじ》めて内閣総理大臣《ないかくそうりだいじん》となった
人物《じんぶつ》である

肥前《ひぜん》…肥前国《ひぜんのくに》。現在《げんざい》の佐賀県《さがけん》と長崎県《ながさきけん》の大半《たいはん》。

佐賀藩《さがはん》…現在《げんざい》の佐賀県佐賀市《さがけんさがし》に藩庁《はんちょう》を置《お》いた藩《はん》。

帯刀《たてわき》の病《やまい》は いよいよ重《おも》く
大阪《おおさか》でオランダ人医師《じんいし》
ボードインの治療《ちりょう》を
受《う》けていた
……本当《ほんとう》なら
あなたが新政府《しんせいふ》の要職《ようしょく》
……いえ 筆頭《ひっとう》であっても
おかしくございません
のに……
……ふっ

おいには見《み》える……
新《あたら》しか日本《にほん》が……

楽《たの》しかったなぁ

明治《めいじ》三（1870）年《ねん》
七月《がつ》十八日《にち》
小松帯刀《こまつたてわき》は安《やす》らかに
眠《ねむ》るように亡《な》くなった
——享年《きょうねん》三十六

だが 新政府《しんせいふ》の
船出《ふなで》は順調《じゅんちょう》では
なかった

明治《めいじ》六（1873）年《ねん》
「征韓論《せいかんろん》」に敗《やぶ》れた
西郷隆盛《さいごうたかもり》は政府《せいふ》を去《さ》り
その隆盛《たかもり》を慕《した》って
新政府《しんせいふ》に不満《ふまん》を持《も》つ
薩摩《さつま》の士族《しぞく》が集結《しゅうけつ》し
明治《めいじ》十（1877）年《ねん》
「西南戦争《せいなんせんそう》」が始《はじ》まった

征韓論《せいかんろん》…国《くに》を鎖《とざ》していた朝鮮《ちょうせん》を武力《ぶりょく》で開国《かいこく》させようという主張《しゅちょう》。

士族《しぞく》…明治維新後《めいじいしんご》、旧武士階級《きゅうぶしかいきゅう》に与《あた》えられた身分《みぶん》。

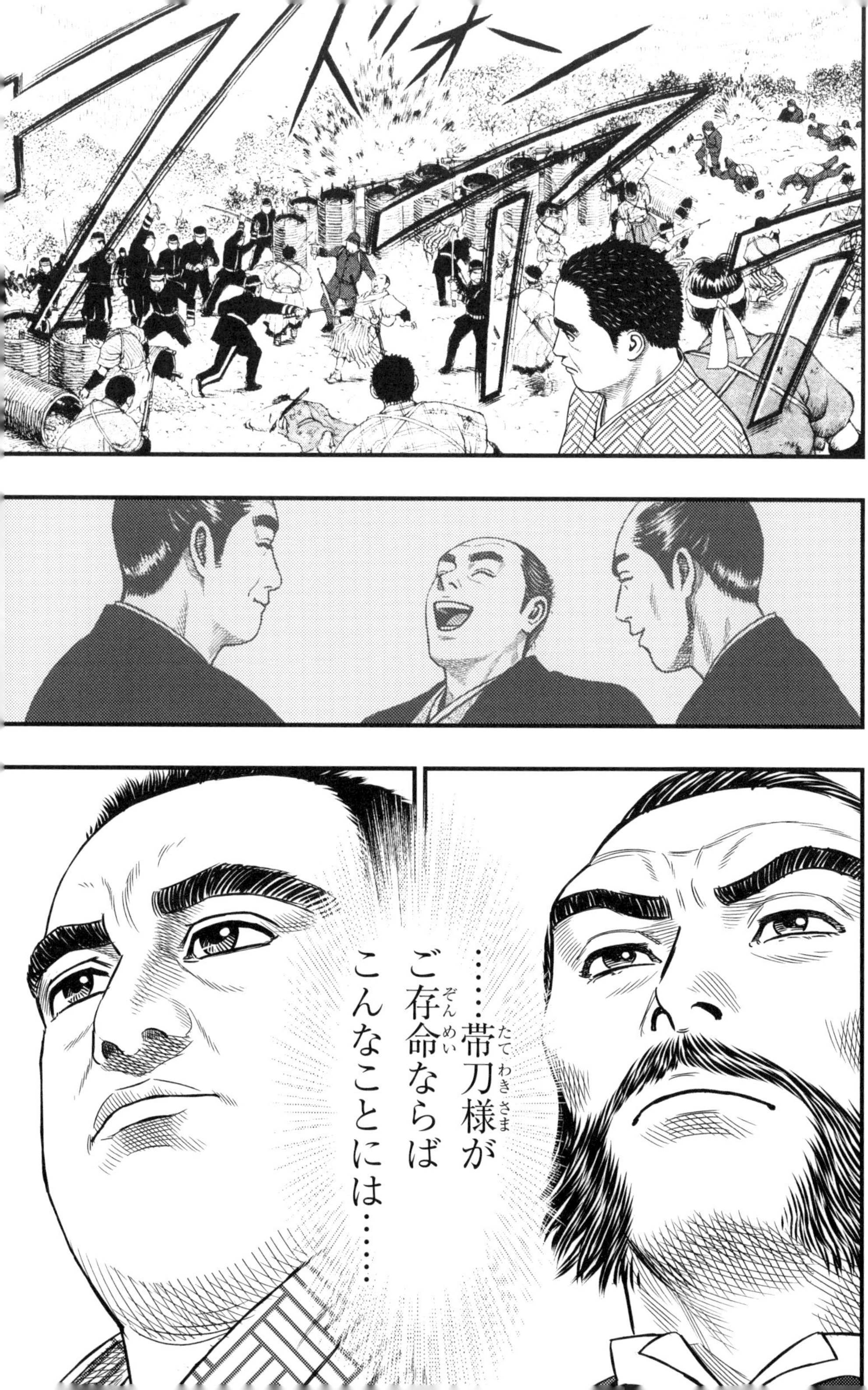
……帯刀様《たてわきさま》が
ご存命《ぞんめい》ならば
こんなことには……

人間味《にんげんみ》にあふれ
多《おお》くの人々《ひとびと》を魅了《みりょう》し
「朝幕《ちょうばく》で最《もっと》も重要《じゅうよう》な人物《じんぶつ》」
と言《い》われた小松帯刀《こまつたてわき》
早《はや》すぎる死《し》により
今《いま》でこそ その名《な》を知《し》る者《もの》は
少《すく》ないが――
小松帯刀《こまつたてわき》こそが 真《しん》の
明治維新《めいじいしん》の立役者《たてやくしゃ》であった

小松帯刀《こまつたてわき》を知《し》るための

基《き》礎《そ》知《ち》識《しき》

解説《かいせつ》

加来耕三《かくこうぞう》

〝維新《いしん》の三傑《さんけつ》〟といえば、明治維新《めいじいしん》＝回天《かいてん》(1)をリードした主要人物《しゅようじんぶつ》として、薩摩藩出身《さつまはんしゅっしん》の西郷隆盛《さいごうたかもり》・大久保利通《おおくぼとしみち》、長州藩出身《ちょうしゅうはんしゅっしん》の木戸孝允《きどたかよし》（前名《ぜんめい》・桂小五郎《かつらこごろう》）――この三人《にん》が、つとに有名《ゆうめい》である。

だが、維新史《いしんし》の流《なが》れに忠実《ちゅうじつ》であれば、筆者《ひっしゃ》は〝維新《いしん》の三傑《さんけつ》〟と同等《どうとう》の功労《こうろう》、否《いな》、それ以上《いじょう》の功績《こうせき》をたった一人《ひとり》で成《な》し遂《と》げた人物《じんぶつ》として、「小松帯刀《こまつたてわき》」の名《な》を挙《あ》げないわけにはいかない。彼《かれ》こそは、幕末薩摩《ばくまつさつま》藩《はん》が持《も》ち得《え》た、最強《さいきょう》・最高《さいこう》の家老《かろう》、すなわち〝宰相《さいしょう》(2)〟であった。

帯刀《たてわき》の功績《こうせき》は、西郷《さいごう》・大久保《おおくぼ》を己《おのれ》の部下《ぶか》として使《つか》い、その力量《りきりょう》を十二分《ぶん》に発揮《はっき》させたところに明《あき》らかであり、もしも、この人物《じんぶつ》が明治《めいじ》三（一八七〇）年《ねん》に、わずか三十六歳《さい》の若《わか》さで夭逝《ようせい》(3)するようなことがなければ、維新後《いしんご》の新政府《しんせいふ》の展開《てんかい》も大《おお》きく異《こと》なり、西郷《さいごう》の下野《げや》とその後《ご》の西南戦争《せいなんせんそう》も未然《みぜん》に防《ふせ》ぎ得《え》たかもしれない。

小松帯刀《こまつたてわき》だけが、西郷《さいごう》と大久保《おおくぼ》を和解《わかい》させることのできた唯一《ゆいいつ》の人《じん》

(1)回天《かいてん》…時勢《じせい》を一変《いっぺん》すること。

(2)宰相《さいしょう》…君主《くんしゅ》を補佐《ほさ》して政務《せいむ》を統率《とうそつ》する人《ひと》。

(3)夭逝《ようせい》…年若《としわか》くして死《し》ぬこと。

物《ぶつ》であった、と筆者《ひっしゃ》は思《おも》いつづけてきた。わずか一人《ひとり》の人間《にんげん》の死《し》が、これほど日本史《にほんし》に影響《えいきょう》を与《あた》えた例《れい》は、極《きわ》めて少《すく》ないのではあるまいか。

この人《ひと》の下《した》にいた西郷《さいごう》・大久保《おおくぼ》が共《とも》にそうであったように、帯刀《たてわき》は何《なに》より、〝清廉《せいれん》〟な人物《じんぶつ》であった。小松家《こまつけ》を継《つ》いだ後《のち》の安政《あんせい》五（一八五八）年《ねん》三月一日《がつついたち》に、自《みずか》らの名《な》を「帯刀清廉《たてわききよかど》」と称《しょう》し、「清廉《せいれん》」の二文字《ふたもじ》をその名《な》に使《つか》っている。

おそらく彼《かれ》がこの世《よ》にあらねば、薩長同盟《さっちょうどうめい》も成立《せいりつ》せず、西郷《さいごう》・大久保《おおくぼ》の活躍《かつやく》もなかったに違《ちが》いない。封建制《ほうけんせい》（4）の時代《じだい》、生《う》まれの良《よ》さが、帯刀《たてわき》のすべての出発点《しゅっぱつてん》であったといえる。

天保《てんぽう》六（一八三五）年《ねん》十月十四日《がつじゅうよっか》、彼《かれ》は薩摩藩《さつまはん》喜入領主《きいれりょうしゅ》・肝付主殿《きもつきとの》伴兼善《もとものかねよし》の三男《なん》として生《う》まれていた。幼名《ようみょう》を、肝付尚五郎《きもつきなおごろう》といった。

幕末《ばくまつ》・維新期《いしんき》に活躍《かつやく》した薩摩藩士《さつまはんし》は、多《おお》くが下級武士《かきゅうぶし》であった中《なか》で、帯刀《たてわき》の出自《しゅつじ》は薩摩藩屈指《さつまはんくっし》の名門《めいもん》であった。

薩摩藩《さつまはん》では藩主《はんしゅ》を頂点《ちょうてん》に、藩士《はんし》は七階級《かいきゅう》に区分《くぶん》されていたが、最上位《さいじょうい》の〝御一門《ごいちもん》〟と称《しょう》された一万石以上《まんごくいじょう》の藩主家《はんしゅけ》の分家《ぶんけ》、重富《しげとみ》・加治《かじ》

（4）封建制《ほうけんせい》…主君《しゅくん》が家臣《かしん》に領地《りょうち》を与《あた》えるかわりに、家臣《かしん》が主君《しゅくん》に忠誠《ちゅうせい》をつくす政治体制《せいじたいせい》。

木《き》・垂水《たるみず》・今和泉《いまいずみ》（天璋院篤姫《てんしょういんあつひめ》の実家《じっか》）の四家《け》――徳川家《とくがわけ》における“御三家《ごさんけ》”(5)に相当《そうとう》――の下《した》、つまり二番目《ばんめ》の、一郷一村《いちごういっそん》を所有《しょゆう》し、一《いっ》定《てい》の土地《とち》と士民《しみん》をあわせて管轄《かんかつ》する一所持《いっしょもち》（計《けい》二十一家《け》）こそが、彼《かれ》の生家《せいか》であった。十歳《さい》で、ときの藩主《はんしゅ》（十代《だい》）斉興《なりおき》に拝謁《はいえつ》を許《ゆる》されたことでも、その身分《みぶん》の高《たか》さが知《し》れよう。

帯刀《たてわき》は文武《ぶんぶ》いずれかといえば、体《からだ》が弱《よわ》かったこともあり、学問《がくもん》を好《この》んだ少年《しょうねん》であった。儒学《じゅがく》(6)では「観瀾《かんらん》」、あるいは「香雪斎《こうせつさい》」とも称《しょう》した。歌学《かがく》(7)も修《おさ》め、薩摩琵琶《さつまびわ》の名手《めいしゅ》でもあったが、若《わか》い頃《ころ》から政治《せいじ》には関心《かんしん》を持《も》っていたようだ。ときおり湯治《とうじ》に出《で》かけたが、彼《かれ》は湯《ゆ》の中《なか》で人々《ひとびと》が話《はな》す世間話《せけんばなし》から、民情《みんじょう》を知《し》ろうと努力《どりょく》したという。

二十一歳《さい》で奥小姓《おくごしょう》となり、近習番《きんじゅばん》を命《めい》じられた。わずか四か月《げつ》ほどであったが、帯刀《たてわき》は名君《めいくん》の誉《ほま》れの高《たか》い藩主《はんしゅ》（十一代《だい》）斉彬《なりあきら》にも、江《え》戸《ど》で直接《ちょくせつ》、仕《つか》えている。そんな彼《かれ》が歴史《れきし》の表舞台《おもてぶたい》に立《た》つには、まず安《あん》政《せい》三（一八五六）年《ねん》、同《おな》じ身分《みぶん》ながら吉利《よしとし》（現《げん》・鹿児島県日置市《かごしまけんひおきし》）の領主《りょうしゅ》をつとめていた、小松家《こまつけ》の当主《とうしゅ》に養子《ようし》入《い》りすることが前提《ぜんてい》であ

(5)御三家《ごさんけ》…徳川将軍家《とくがわしょうぐんけ》の親族《しんぞく》のうち、尾張《おわり》・紀伊《きい》・水戸《みと》の三家《さんけ》のこと。

(6)儒学《じゅがく》…中国《ちゅうごく》の思想家《しそうか》・孔子《こうし》を始祖《しそ》とする、政治《せいじ》と道徳《どうとく》の学問《がくもん》。儒教《じゅきょう》。

(7)歌学《かがく》…和歌《わか》に関《かん》する学問《がくもん》。

った。先代《せんだい》＝二十八代《だい》の小松清猷《こまつきよもと》は、琉球使節役《りゅうきゅうしせつやく》をつとめた人物《じんぶつ》であったが、二十九歳《さい》で病没《びょうぼつ》。帯刀《たてわき》はその妹《いもうと》・千賀《ちか》（近《ちか》とも）の婿養子《むこようし》となった。「一所持《いっしょもち》」は力量次第《りきりょうしだい》で家老《かろう》ともなれる家柄《いえがら》であり、彼《かれ》はその小松家《こまつけ》二十九代《だい》を二十二歳《さい》で継《つ》ぐ。

この頃《ころ》、藩政《はんせい》は斉彬《なりあきら》の急死《きゅうし》により、その異母弟《いぼてい》・久光《ひさみつ》の子《こ》である茂《もち》久《ひさ》（のち忠義《ただよし》）が藩主《はんしゅ》となっており、久光《ひさみつ》は〝国父《こくふ》〟として、事実《じじつ》上《じょう》、藩政《はんせい》を動《うご》かしていた。帯刀《たてわき》は当番頭《とうばんがしら》(8)兼《けん》奏者番《そうじゃばん》(9)となり、気難《きむずか》しい久《ひさ》光《みつ》の側近《そっきん》として出世《しゅっせ》していく。

その過程《かてい》で大久保一蔵《おおくぼいちぞう》（のち利通《としみち》）とも出会《であ》い、電気《でんき》・水雷《すいらい》などの研究《けんきゅう》のために、長崎《ながさき》への出張《しゅっちょう》もこなし、御側役《おそばやく》(10)として二十七歳《さい》のおりには、「御改革方《おんかいかくかた》・御内用掛《ごないようがかり》」を拝命《はいめい》することになる。

文久《ぶんきゅう》二（一八六二）年《ねん》には伊作《いざく》(11)地頭《じとう》(12)となり、大番頭《おおばんがしら》(13)を経《へ》て、家老吟《かろうぎん》味《み》（見習《みならい》）となり、十二月二十四日《がつにじゅうよっか》には側詰《そばづめ》(14)兼務《けんむ》の家老《かろう》となった。

このとき、帯刀《たてわき》は二十八歳《さい》。

世上《せじょう》は尊王攘夷《そんのうじょうい》、開国佐幕《かいこくさばく》(15)の間《あいだ》を揺《ゆ》れていた。

(8)当番頭《とうばんがしら》…交代《こうたい》で藩庁《はんちょう》に詰《つ》める役《やく》で、若手藩士《わかてはんし》の出世《しゅっせ》の糸口《いとぐち》だった。

(9)奏者番《そうじゃばん》…城中《じょうちゅう》で将軍《しょうぐん》や藩主《はんしゅ》に取次《とりつぎ》をする役職《やくしょく》。

(10)御側役《おそばやく》…主君《しゅくん》の側近《そばちか》くに仕《つか》える重役《じゅうやく》。

(11)伊作《いざく》…現在《げんざい》の鹿児島県日置《かごしまけんひおき》市《し》。島津氏《しまづし》の直轄地《ちょっかつち》。

(12)地頭《じとう》…藩主《はんしゅ》から知行地《ちぎょうち》を与《あた》えられた家臣《かしん》。

(13)大番頭《おおばんがしら》…幕府《ばくふ》や藩《はん》の警備《けいび》を行《おこな》う役職《やくしょく》の長《ちょう》。

(14)側詰《そばづめ》…薩摩藩《さつまはん》で主君《しゅくん》の側近《そばちか》くに仕《つか》える家老《かろう》に次《つ》ぐ役職《やくしょく》。

(15)佐幕《さばく》…幕府《ばくふ》の存続《そんぞく》を支持《しじ》すること。

帯刀《たてわき》は薩摩藩《さつまはん》の事実上《じじつじょう》の〝宰相《さいしょう》〟として、この年以降《としいこう》、久光《ひさみつ》の信任《しんにん》を得《え》て、〝ご一新《いっしん》〟[16]まで藩政《はんせい》を指揮《しき》することになる。

その担当《たんとう》は、軍備《ぐんび》・財政《ざいせい》・教育《きょういく》を兼《か》ねたもので、とりわけ彼《かれ》が意《い》を注《そそ》いだのが、藩政改革《はんせいかいかく》と人材登用《じんざいとうよう》であった。加《くわ》えて、久光《ひさみつ》の武装上洛《ぶそうじょうらく》を具体的《ぐたいてき》に計画《けいかく》し、幕政改革《ばくせいかいかく》を実行《じっこう》させた手腕《しゅわん》も、帯刀《たてわき》の采配《さいはい》によるものであったといえる。

寺田屋事件《てらだやじけん》、生麦事件《なまむぎじけん》、薩英戦争《さつえいせんそう》を経《へ》て、彼《かれ》の名声《めいせい》は一躍《いちやく》、天下《てんか》に轟《とどろ》いた。

「島津《しまづ》の小松《こまつ》か、小松《こまつ》の島津《しまづ》か――」

天下《てんか》の志士《しし》たちが、こぞって帯刀《たてわき》を欽慕《きんぼ》[17]した。まだ、二十九歳《さい》。

帯刀《たてわき》は、幕末《ばくまつ》が沸点《ふってん》を迎《むか》える元治元《げんじがん》（一八六四）年《ねん》には、薩摩藩《さつまはん》の京都藩邸《きょうとはんてい》にとどまり、藩《はん》を代表《だいひょう》して朝廷《ちょうてい》、幕府《ばくふ》との折衝《せっしょう》[18]にあたって、池田屋事件《いけだやじけん》と禁門《きんもん》の変《へん》を現地《げんち》で経験《けいけん》することとなる。

それにしても、その心労《しんろう》は、いかばかりであったろうか。

この間《かん》、禁門《きんもん》の変《へん》で、帯刀《たてわき》の部下《ぶか》として直接《ちょくせつ》の戦闘指揮《せんとうしき》を取《と》った西《さい》

(16)ご一新《いっしん》…明治維新《めいじいしん》のこと。

(17)欽慕《きんぼ》…敬《うやま》い慕《した》うこと。

(18)折衝《せっしょう》…駆《か》け引《ひ》きすること。

郷吉之助《ごうきちのすけ》（隆盛《たかもり》）は、わずかな期間《きかん》、薩摩《さつま》へ戻《もど》った帯刀《たてわき》に対《たい》して、同《おな》じく国許《くにもと》にいた大久保《おおくぼ》へ、はやく京都《きょうと》へ戻《もど》ってもらえるように、と手紙《てがみ》でせっついている。

「前略《ぜんりゃく》　将軍《しょうぐん》（十四代家茂《だいいえもち》）も此度《このたび》は上洛《じょうらく》の筋《すじ》にもこれ有《あ》り、摂海《せっかい》(19)も異人《いじん》の参《まい》る説《せつ》もこれ有《あ》る事《こと》にて、段《だん》だん、大難差《だいなんさ》しせまり候儀《そうろうぎ》に御座《ござ》候間《そうろうあいだ》、大夫《たいふ》（帯刀《たてわき》のこと）此《こ》の度《たび》は何《なに》とぞ早々《はやばや》御帰京相成候処《ごききょうあいなりそうろうところ》、ひらに御願申上候《おんねがいもうしあげそうろう》」

帯刀《たてわき》の多忙《たぼう》さは、政局《せいきょく》・外交上《がいこうじょう》の主役《しゅやく》をつとめる一方《いっぽう》で、軍備《ぐんび》の洋《よう》式化《しきか》を推進《すいしん》する責任者《せきにんしゃ》でもあり、それを可能《かのう》とするための、財政基盤《ざいせいきばん》の確立《かくりつ》にも目配《めくば》りをしなければならない、その守備範囲《しゅびはんい》の広《ひろ》さにあった。と同時《どうじ》に、日本《にほん》のこれからのあり方《かた》をも模索《もさく》せねばならない。

土佐脱藩《とさだっぱん》(20)の郷士《ごうし》(21)・坂本龍馬《さかもとりょうま》と出会《であ》った帯刀《たてわき》は、元治元《げんじがん》（一八六四）年《ねん》の十一月《がつ》に勝海舟《かつかいしゅう》が軍艦奉行《ぐんかんぶぎょう》を罷免《ひめん》されると、「神戸海軍操練所《こうべかいぐんそうれんじょ》」に隣接《りんせつ》の私塾《しじゅく》で塾頭《じゅくとう》をしていた龍馬《りょうま》をはじめ、土佐脱藩《とさだっぱん》の郷士《ごうし》たちを引《ひ》き取《と》った。どうやら帯刀《たてわき》は、龍馬《りょうま》たちが修得《しゅうとく》していた海軍技術《かいぐんぎじゅつ》を活《かつ》

(19)摂海《せっかい》…領有《りょうゆう》している海《うみ》。領海《りょうかい》。

(20)脱藩《だっぱん》…武士《ぶし》が藩《はん》の籍《せき》を捨《す》てること。

(21)郷士《ごうし》…藩士《はんし》の下位《かい》にあり、農耕《のうこう》も行《おこな》う下級武士《かきゅうぶし》。

用《よう》して、薩英戦争《さつえいせんそう》によって壊滅《かいめつ》した薩摩海軍《さつまかいぐん》の再建《さいけん》と、並行《へいこう》しての海《かい》運《うん》・貿易業《ぼうえききぎょう》に、龍馬《りょうま》たちを活用《かつよう》しようと考《かんが》えたようだ。

そのため帯刀《たてわき》は、龍馬《りょうま》たちをともなって長崎《ながさき》に出張《しゅっちょう》し、亀山《かめやま》の地《ち》に彼《かれ》らの宿舎《しゅくしゃ》を提供《ていきょう》。のちの「海援隊《かいえんたい》」の母胎《ぼたい》ともなる、「亀山社中《かめやましゃちゅう》」を誕生《たんじょう》させている。

帯刀《たてわき》の協力《きょうりょく》を得《え》て、龍馬《りょうま》はそれまで犬猿《けんえん》の仲《なか》であった薩摩藩《さつまはん》と長州《ちょうしゅう》藩《はん》を同盟《どうめい》させるべく、東奔西走《とうほんせいそう》の日々《ひび》を送《おく》る。

一方《いっぽう》、第《だい》一次長州征討《じちょうしゅうせいとう》を不十分《ふじゅうぶん》と判断《はんだん》した幕府《ばくふ》は、引《ひ》きつづき第《だい》二次長州征討《じちょうしゅうせいとう》を決断《けつだん》するが、帯刀《たてわき》はこれに真《ま》っ向《こう》から反対《はんたい》を唱《とな》える。

「ご主意《しゅい》、名分《めいぶん》がわからず、よって出兵《しゅっぺい》はお断《ことわ》りいたす」

幕府《ばくふ》の足《あし》を引《ひ》っ張《ぱ》りつつ、帯刀《たてわき》は慶応《けいおう》二（一八六六）年正月《ねんしょうがつ》二十一日《にち》、京《きょう》の自《みずか》らの私邸《してい》で薩長同盟《さっちょうどうめい》の締結《ていけつ》に漕《こ》ぎつける。この〝回天《かいてん》〟の同盟《どうめい》の席《せき》で、最《もっと》も重《おも》きをなしたのは、久光《ひさみつ》の代理人《だいりにん》たる帯刀《たてわき》であった。

――三十二歳《さい》の宰相《さいしょう》には、次《つぎ》から次《つぎ》へと難事《なんじ》が降《ふ》りかかってくる。

同年《どうねん》の後半《こうはん》、所有船《しょゆうせん》の沈没《ちんぼつ》により、「亀山社中《かめやましゃちゅう》」の経営《けいえい》が危機《きき》に瀕《ひん》した時《とき》、龍馬《りょうま》を助《たす》けて資金援助《しきんえんじょ》をしたのも帯刀《たてわき》であった。

龍馬《りょうま》は姉《あね》の乙女《おとめ》に宛《あ》てた手紙《てがみ》で、次《つぎ》のように述《の》べている。

「去年《きょねん》七千《せん》八百両《ぴゃくりょう》でヒイヒイとこまりおりたれば、薩州《さっしゅう》の小松帯刀《こまつたてわき》と申《もう》す人《ひと》が出《だ》してくれ、神《かみ》も仏《ほとけ》もあるものにて御座候《ござそうろう》」

龍馬《りょうま》にとって帯刀《たてわき》は、最大《さいだい》の理解者《りかいしゃ》であり、保護者《ほごしゃ》でもあった。より以上《いじょう》に、薩摩藩《さつまはん》にとっては重大《じゅうだい》な人物《じんぶつ》であったといってよい。

西郷《さいごう》や大久保《おおくぼ》といった下級武士《かきゅうぶし》を、名門出《めいもんで》の帯刀《たてわき》が上司《じょうし》として支持《しじ》していたからこそ、彼《かれ》らは縦横《じゅうおう》の活躍《かつやく》ができたのである。換言《かんげん》すれば、土佐藩《とさはん》には帯刀《たてわき》の役割《やくわり》を演《えん》じる者《もの》がいなかった。そのため、この藩《はん》では上士《じょうし》(22)と下士《かし》(23)の内紛《ないふん》がつづき、多《おお》くの貴《とうと》い血《ち》が流《なが》れてしまう。

「亀山社中《かめやましゃちゅう》」の世話《せわ》から、薩摩藩英国留学生《さつまはんえいこくりゅうがくせい》の派遣《はけん》――気《き》の休《やす》まるところのなかった帯刀《たてわき》は、同年《どうねん》二月《がつ》に京都《きょうと》を出発《しゅっぱつ》、三月《がつ》に薩摩《さつま》へ帰《かえ》って、霧島《きりしま》の栄之尾温泉《えいのおおんせん》で保養《ほよう》している。

このおりの帰国《きこく》には、西郷《さいごう》をはじめ、龍馬《りょうま》とその妻《つま》・お龍《りょう》も同行《どうこう》していた。龍馬夫婦《りょうまふうふ》が高千穂《たかちほ》(24)に登《のぼ》ったのは、このときのことである。

(22)上士《じょうし》…身分《みぶん》の高《たか》い武士《ぶし》。
(23)下士《かし》…身分《みぶん》の低《ひく》い武士《ぶし》。

(24)高千穂《たかちほ》…高千穂峰《たかちほのみね》。鹿児島県《かごしまけん》と宮崎県《みやざきけん》の県境《けんざかい》にある山《やま》。

帯刀《たてわき》の激務《げきむ》はそれでもやまず、英国商人《えいこくしょうにん》グラバーの助力《じょりょく》をたのみ、英国公使《えいこくこうし》パークスの薩摩訪問《さつまほうもん》を実現《じつげん》。第《だい》二次長州征討《じちょうしゅうせいとう》における、幕《ばく》府軍《ふぐん》の敗戦《はいせん》も、陰《かげ》で演出《えんしゅつ》しなければならなかった。

明《あき》らかに過労《かろう》が、帯刀《たてわき》の体《からだ》を蝕《むしば》んでいた。もとから体《からだ》が強《つよ》くない彼《かれ》は、足痛《そくつう》を病《や》み、霧島硫黄谷温泉《きりしまいおうだにおんせん》で療養《りょうよう》しているが、それは気休《きやす》めにしかすぎなかった。慶応《けいおう》三（一八六七）年正月《ねんしょうがつ》、帯刀《たてわき》はついに城代家《じょうだいが》老《ろう》[25]となり、いよいよ討幕《とうばく》への具体策《ぐたいさく》を企画《きかく》・立案《りつあん》しはじめる。

他方《たほう》、ふくれあがる軍費《ぐんぴ》の足《た》しにすべく、「大和交易《やまとこうえき》」というカンパニーをつくり、貿易《ぼうえき》をさらに活性化《かっせいか》。大政奉還《たいせいほうかん》から薩摩藩兵出京《さつまはんぺいしゅっきょう》の準《じゅん》備《び》までを采配《さいはい》したものの、ついに歩行《ほこう》も困難《こんなん》な重病《じゅうびょう》に陥《おちい》り、戊辰戦争《ぼしんせんそう》では国許《くにもと》に残《のこ》ることとなる。

彼《かれ》の代理《だいり》をつとめたのが西郷《さいごう》であり、大久保《おおくぼ》であった。

戦火《せんか》の中《なか》から発足《ほっそく》した新政府《しんせいふ》は、病気療養中《びょうきりょうようちゅう》の帯刀《たてわき》を、それでも参与《さんよ》[26]に任《にん》じ、外国事務担当《がいこくじむたんとう》を命《めい》ずる有《あ》り様《さま》。彼《かれ》をよく知《し》るアーネスト・サトウは、その印象《いんしょう》を、次《つぎ》のように語《かた》っていた。

(25) 城代家老《じょうだいがろう》…参勤《さんきん》などの藩主《はんしゅ》の留守中《るすちゅう》に城《しろ》を管理《かんり》・守衛《しゅえい》する役割《やくわり》の家老《かろう》。薩摩藩《さつまはん》では筆頭家老《ひっとうがろう》にあたる。

(26) 参与《さんよ》…のちの大臣《だいじん》。新政府《しんせいふ》が設置《せっち》した官職《かんしょく》である総《そう》裁《さい》・議定《ぎじょう》・参与《さんよ》の「三職《さんしょく》」のひとつ。

「小松《こまつ》は私《わたし》の知《し》っている日本人《にほんじん》の中《なか》で一番《ばん》魅力《みりょく》のある人物《じんぶつ》で、家老《かろう》の家柄《いえがら》だが、そういう階級《かいきゅう》の人間《にんげん》に似合《にあ》わず、政治的《せいじてき》な才能《さいのう》があり、態《たい》度《ど》が人《ひと》にすぐれ、それに友情《ゆうじょう》が厚《あつ》く、そんな点《てん》で人々《ひとびと》に傑出《けっしゅつ》していた」

（『一外交官《がいこうかん》の見《み》た明治維新《めいじいしん》』）

東京遷都《とうきょうせんと》ののち、帯刀《たてわき》は「玄蕃頭《げんばのかみ》」（今日《こんにち》の外務大臣《がいむだいじん》）に進《すす》み、外《がい》交《こう》と財政《ざいせい》を主《おも》に総裁《そうさい》してほしい、と新政府《しんせいふ》に泣《な》きつかれている。

しかし、彼《かれ》の病状《びょうじょう》は決《けっ》して好転《こうてん》してはいなかった。三十五歳《さい》となった明治《めいじ》二（一八六九）年《ねん》、京《きょう》にあった帯刀《たてわき》は、国許《くにもと》へ戻《もど》って藩政改革《はんせいかいかく》にも取《と》り組《く》み、一応《いちおう》の形《かたち》をつけたところで、病気《びょうき》の本復《ほんぷく》は難《むずか》しい、と判断《はんだん》。五月《がつ》十三日付《にちづけ》で官職《かんしょく》を自《みずか》ら辞《じ》した。それが許可《きょか》されたのは、二日後《ふつかご》のこと。翌年《よくねん》五月《がつ》、帯刀《たてわき》は遺言状《ゆいごんじょう》を認《したた》め、大阪《おおさか》にて七月《がつ》十八日《にち》、この世《よ》を去《さ》った。大阪《おおさか》は、大阪医学校教師《おおさかいがっこうきょうし》のボードインの治療《ちりょう》を受《う》けていた土地《とち》であった。死因《しいん》については、諸説《しょせつ》ある。享年《きょうねん》三十六。

もしも、この人物《じんぶつ》が幕末《ばくまつ》の薩摩《さつま》にいなければ、日本《にほん》は果《は》たして明治《めいじ》維新《いしん》を迎《むか》えられたであろうか。

豆知識《まめちしき》①

小松帯刀《こまつたてわき》が徳川慶喜《とくがわよしのぶ》に贈《おく》った薩摩《さつま》の食《た》べものとは!?

元治元《げんじがん》（一八六四）年《ねん》十一月《がつ》に、小松《こまつ》帯刀《たてわき》が大久保《おおくぼ》一蔵《いちぞう》（のち利通《としみち》）に送《おく》った、興味深《きょうみぶか》い手紙《てがみ》がある。

内容《ないよう》は、ときの将軍後見職《しょうぐんこうけんしょく》・一橋慶喜《ひとつばしよしのぶ》（のち十五代将軍《だいしょうぐん》）から豚肉《ぶたにく》を所望《しょもう》され、自分《じぶん》の持《も》ち合《あ》わせを進呈《しんてい》したところが、追加《ついか》の希望《きぼう》があり、なんとかならないか、とくに琉球豚《りゅうきゅうぶた》を余分《よぶん》に持《も》っている者《もの》はいないか、といった内容《ないよう》であった。

実《じつ》は文中《ぶんちゅう》の慶喜《よしのぶ》、幕末《ばくまつ》の政局《せいきょく》にあっては帯刀《たてわき》と話《はなし》があい、仲《なか》が良《よ》かった。おそらく、慶喜《よしのぶ》が大《だい》の牛乳《ぎゅうにゅう》、豚肉好《ぶたにくず》きであったからかもしれない。あまりに豚肉《ぶたにく》が好《す》きな彼《かれ》は、略《りゃく》して〝豚一様《とんいちさま》〟と、周囲《しゅうい》の人々《ひとびと》に陰口《かげぐち》をたたかれるほどであった。

当時《とうじ》、薩摩《さつま》の「白毛豕《しろげぶた》」は広《ひろ》く天下《てんか》に知《し》られていた。農政学者《のうせいがくしゃ》・佐藤信淵《さとうのぶひろ》の『経済要録《けいざいようろく》』には、「薩侯《さっこう》の邸中《ていちゅう》に飼処《かうところ》なる白毛豕《しろげぶた》は、其味殊更上品《そのあじことさらじょうひん》にして」とあった。が、帯刀《たてわき》のいう「琉球豚《りゅうきゅうぶた》」は、この「白毛豕《しろげぶた》」より以上《いじょう》に珍重《ちんちょう》されたもので、「一体《いったい》に薩摩《さつま》にては鶏《とり》・豚《ぶた》の味甚《あじはなは》だよきが、琉球《りゅうきゅう》の豚《ぶた》は更《さら》に好味《こうみ》なり」（本富安四郎《ほんぶやすしろう》著《ちょ》『薩摩見聞記《さつまけんぶんき》』）とある。

昨今《さっこん》、鹿児島県《かごしまけん》といえば、わが国随一《くにずいいち》の黒豚《くろぶた》の産地《さんち》として知《し》られているが、幕末《ばくまつ》の評価《ひょうか》では琉球豚《りゅうきゅうぶた》が、さらにその上《うえ》にあった。

もともとこの県《けん》の養豚《ようとん》は、薩摩藩初代《さつまはんしょだい》藩主《はんしゅ》・島津家久《しまづいえひさ》（初名《しょめい》は忠恒《ただつね》）の移入《いにゅう》によってはじめられたものというが、琉球《りゅうきゅう》豚《ぶた》はそれより二百年《ひゃくねん》も早《はや》く、琉球《りゅうきゅう》に明国《みんこく》から種豚《たねぶた》が伝《つた》えられていたのだという。

この島豚《しまぶた》を「アグー」といい、小型《こがた》で発育《はついく》が遅《おそ》く、子豚《こぶた》の数《かず》も少《すく》なかったため、他《ほか》の品種《ひんしゅ》との交配《こうはい》による雑種化《ざっしゅか》が明治以降《めいじいこう》に進《すす》み、戦後《せんご》は絶滅《ぜつめつ》の危機《きき》に——。

これを昭和《しょうわ》五十六（一九八一）年《ねん》に名護博物館《なごはくぶつかん》が、全県的《ぜんけんてき》なアグー調査《ちょうさ》を実施《じっし》し、約《やく》十年《ねん》をかけて雑種化《ざっしゅか》を取《と》り除《のぞ》くための〝戻《もど》し交配《こうはい》〟を行《おこな》ったという。

アグーは霜降《しもふ》りの割合《わりあい》が、他《ほか》のものに比《くら》べて多《おお》く、口《くち》に入《い》れると脂《あぶら》がとろける特長《とくちょう》があり、肉《にく》は柔《やわ》らかく旨《うま》みがあったとされている。

帯刀《たてわき》は琉球豚《りゅうきゅうぶた》、薩摩《さつま》の白毛豕《しろげぶた》を食《た》べながら、慶応《けいおう》三（一八六七）年正月《ねんしょうがつ》、ついに城代《じょうだい》（筆頭《ひっとう》）家老《がろう》となり、いよいよ明治維新《めいじいしん》への具体策《ぐたいさく》を練《ね》りはじめる。

豆知識《まめちしき》②

日本初《にほんはつ》の新婚旅行《しんこんりょこう》 実《じつ》は小松帯刀《こまつたてわき》夫妻《ふさい》だった!?

幕末《ばくまつ》の英傑《えいけつ》・坂本龍馬《さかもとりょうま》の伝記《でんき》には、

「坂本龍馬《さかもとりょうま》は、慶応《けいおう》二（一八六六）年《ねん》、新婚《しんこん》のお龍《りょう》を連《つ》れて、薩摩国霧島《さつまのくにきりしま》の塩浸《しおびたし》温泉《おんせん》（現《げん》・鹿児島県霧島市《かごしまけんきりしまし》）で湯治《とうじ》をした。これは日本最初《にほんさいしょ》の新婚旅行《しんこんりょこう》といわれている」

などと書《か》かれているものがあるが、これは史実《しじつ》ではない。

実《じつ》は、小松帯刀《こまつたてわき》は、龍馬《りょうま》に先駆《さきが》けること十年早《ねんはや》く、同《おな》じ霧島《きりしま》へ新婚旅行《しんこんりょこう》を行《おこな》っていた。お相手《あいて》は正室《せいしつ》の千賀《ちか》（近《ちか》とも）。ただし、残念《ざんねん》ながら夫婦水入《ふうふみずい》らずではなかった。

千賀《ちか》の父親《ちちおや》（帯刀《たてわき》の義父《ようふ》）で、帯刀《たてわき》にとっては舅《しゅうと》にあたる、小松清穆《こまつきよあつ》が同行《どうこう》していたのである。

『小松帯刀日記《こまつたてわきにっき》』安政《あんせい》三（一八五六）年《ねん》四月《がつ》十九日《にち》の項《こう》には、次《つぎ》のように書《か》かれている。

「一《ひとつ》、御《おん》ト《と》ヽ様《とさま》ニハ今日《きょう》ヨリ踊《おどり》之内栄之《のうちえいの》尾温泉《おおんせん》（現《げん》・鹿児島県霧島市《かごしまけんきりしまし》）エ御湯治《ごとうじ》トシテ六《む》ツ過《すぎ》（午前《ごぜん》六時《じ》すぎ）御船《おふね》ヨリ御出《おいで》ナリ、尤《もっとも》チカ（千賀《ちか》）ニモ御同道申《ごどうどうもうし》上《あげ》、差越候事《さしこしそうろうこと》、拙者《せっしゃ》（帯刀《たてわき》）ニハ来《きた》ル廿二日《にじゅうににち》方《かた》ヨリ差越賦《さしこすつもり》ナリ」

清穆《きよあつ》が霧島《きりしま》の栄之尾温泉《えいのおおんせん》に、湯治《とうじ》に出《で》かけるので、娘《むすめ》の千賀《ちか》も同道《どうどう》し、帯刀《たてわき》も後《あと》から追《お》いかけるという内容《ないよう》であった。

帯刀《たてわき》は四月《がつ》二十二日《にち》から五月五日《がついつか》まで、千賀《ちか》・清穆《きよあつ》と共《とも》に温泉《おんせん》で湯治《とうじ》。その後《ご》は二人《ふたり》を残《のこ》し、都城《みやこのじょう》（現《げん》・宮崎県都城《みやざきけんみやこのじょう》市《し》）・安永《やすなが》・福山《ふくやま》（いずれも現《げん》・鹿児島《かごしま》県霧島市《けんきりしまし》）などを見学《けんがく》している。

清穆《きよあつ》と千賀《ちか》は五月十日《がつとおか》まで栄之尾温泉《えいのおおんせん》に滞在《たいざい》してから、帰郷《ききょう》したようだ。

義父同伴《ぎふどうはん》とあっては、新婚旅行気分《しんこんりょこうきぶん》を存分《ぞんぶん》に味《あじ》わうわけにはいかなかったかもしれない。が、二人《ふたり》が結婚《けっこん》したのはこの年《とし》の正月《しょうがつ》。新婚旅行《しんこんりょこう》といって、差《さ》し支《つか》えないのではあるまいか。

ちなみに龍馬夫妻《りょうまふさい》に湯治《とうじ》を勧《すす》めたのも、帯刀《たてわき》であった。傷《きず》の治療《ちりょう》のためであり、新婚旅行《しんこんりょこう》を勧《すす》めているという意識《いしき》はなかったろうが、やはり自《みずか》らの経験《けいけん》をふまえて、話《はなし》を持《も》ちかけたのであろう。

残念《ざんねん》ながら帯刀《たてわき》は、千賀《ちか》との間《あいだ》に子宝《こだから》が恵《めぐ》まれず、側室《そくしつ》・お琴《こと》との間《あいだ》に産《う》まれた男児《だんじ》（のちの清直《きよなお》）を千賀《ちか》が引《ひ》き取《と》って育《そだ》て、小松家《こまつけ》を相続《そうぞく》させていた。

豆知識《まめちしき》③

幕府《ばくふ》を出《だ》し抜《ぬ》いた薩摩藩《さつまはん》の"万博大作戦《ばんぱくだいさくせん》"とは!?

一八五一年《ねん》（日本《にほん》の嘉永《かえい》四年《ねん》）に、はじめての本格的《ほんかくてき》な万国博覧会《ばんこくはくらんかい》がロンドンで開催《かいさい》されて以降《いこう》、十九世紀《せいき》においては、全世界《ぜんせかい》（ただし当時《とうじ》は先進国限定《せんしんこくげんてい》）の話題《わだい》の的《まと》が万国博覧会《ばんこくはくらんかい》であった。

日本《にほん》がこの世界的《せかいてき》な動《うご》きに乗《の》り遅《おく》れまいと、初出展《はつしゅってん》したのは、慶応《けいおう》三（一八六七）年《ねん》のパリ"万博《ばんぱく》"（第《だい》二回《かい》）から。しかしそこには、「日本国《にほんこく》」と並《なら》んで、「薩摩琉球国《さつまりゅうきゅうこく》」のパビリオンがあった。

実《じつ》は薩摩藩《さつまはん》は二年前《ねんまえ》から、万博出展《ばんぱくしゅってん》の準備《じゅんび》を進《すす》めていた。英国留学生《えいこくりゅうがくせい》を引率《いんそつ》した新納刑部《にいろぎょうぶ》（字《あざな》は久脩《ひさのぶ》）が、フランス政《せい》府《ふ》から出展《しゅってん》の約束《やくそく》を取《と》り付《つ》けたのだ。一年前《ねんまえ》には小松帯刀《こまつたてわき》自《みずか》ら、大久保《おおくぼ》に準備《じゅんび》を進《すす》めるよう急《せ》かした手紙《てがみ》が残《のこ》っている。

その中《なか》で、自《みずか》ら渡欧《とおう》を願《ねが》い出《で》たが、許《ゆる》されなかったことを帯刀《たてわき》は記《しる》していた。

慶応《けいおう》二（一八六六）年当時《ねんとうじ》、幕府《ばくふ》はフランスからの借款《しゃっかん》により、財政再建《ざいせいさいけん》に努《つと》めていた。幕府《ばくふ》がフランスの助《たす》けにより立《た》ち直《なお》るのは、対決姿勢《たいけつしせい》を強《つよ》めている薩《さつ》摩《ま》・長州《ちょうしゅう》の二藩《はん》にとっては思《おも》わしくない展開《てんかい》である。薩摩藩《さつまはん》はこの万博《ばんぱく》で、自《みずか》らの国際的《こくさいてき》な立《た》ち位置《いち》を示《しめ》す必要《ひつよう》があった。

こうして迎《むか》えたパリ万博《ばんぱく》——岩下方平《いわしたみちひら》率《ひき》いる十一人《にん》の薩摩藩代表団《さつまはんだいひょうだん》は、「薩摩《さつま》琉球国《りゅうきゅうこく》」として出展《しゅってん》、パビリオンには「日本薩摩太守政府《にほんさつまたいしゅせいふ》」と掲《かか》げられた。

そればかりか、「薩摩琉球国勲章《さつまりゅうきゅうこくくんしょう》」を、フランス皇帝《こうてい》ナポレオン三世《さんせい》をはじめ、フランスの高官《こうかん》たちに配《くば》ったのである。これは日本初《にほんはつ》の勲章《くんしょう》であり、幕府《ばくふ》も慌《あわ》てて準備《じゅんび》したが間《ま》に合《あ》わなかった。

調子《ちょうし》に乗《の》る薩摩藩《さつまはん》は、幕府《ばくふ》のパビリオン内《ない》に、「丸《まる》に十」の島津《しまづ》の家紋《かもん》の看板《かんばん》を立《た》て、写真《しゃしん》を撮影《さつえい》することまでやってのける。そのため幕府《ばくふ》の権威《けんい》は、大《おお》きく傷《きず》つけられてしまった。

十五代将軍《だいしょうぐん》・徳川慶喜《とくがわよしのぶ》の名代《みょうだい》としてパリ万博《ばんぱく》に参加《さんか》した実弟《じってい》の昭武《あきたけ》（当時《とうじ》は徳《とく》川御三卿《がわごさんきょう》の一《いっ》・清水家《しみずけ》の当主《とうしゅ》）は、日本《にほん》帰国《きこく》の航海《こうかい》で、薩摩沿岸《さつまえんがん》に船《ふね》が差《さ》し掛《か》かったとき、忌々《いまいま》しげに、

「朝《あさ》、故国《ここく》の陸《りく》が見《み》える。正午《しょうご》ごろ、あのならずものの薩摩《さつま》めの岸《きし》に沿《そ》って進《すす》む」

と、フランス語《ご》で日記《にっき》に記《しる》していた。

パリ万博出展《ばんぱくしゅってん》は薩摩藩《さつまはん》にとって、大《おお》きな外交的勝利《がいこうてきしょうり》となった。

年表《ねんぴょう》

天保《てんぽう》六（1835）年《ねん》

十月十四日《がつじゅうよっか》、小松帯刀《こまつたてわき》、薩摩国喜入領《さつまのくにきいれりょう》（現《げん》・鹿児島県《かごしまけん》鹿児島市喜入町《かごしましきいれちょう》）の領主《りょうしゅ》・肝付主殿兼善《きもつきとのもかねよし》の三男《なん》（四男《なん》説《せつ》あり）として、鶴丸《つるまる》（鹿児島《かごしま》）城《じょう》（現《げん》・鹿児島県鹿児島市《かごしまけんかごしまし》）の城下《じょうか》、喜入屋敷《きいれやしき》に生《う》まれる。母《はは》は、重富領《しげとみりょう》主《しゅ》・島津忠寛《しまづただひろ》の娘《むすめ》。幼名《ようみょう》・通称《つうしょう》は、肝付尚五郎《きもつきなおごろう》。

天保《てんぽう》十五（1844）年《ねん》
※十二月二日《がつふつか》、弘化《こうか》に改元《かいげん》

十一月《がつ》十五日《にち》、尚五郎《なおごろう》、薩摩藩《さつまはん》十代藩主《だいはんしゅ》・島津斉興《しまづなりおき》に拝《はい》謁《えつ》し、弓一張《ゆみひとはり》を献上《けんじょう》する。

嘉永《かえい》二（1849）年《ねん》

十二月三日《がつみっか》、藩主《はんしゅ》・斉興《なりおき》の後継者《こうけいしゃ》をめぐり、世子《せいし》の斉彬《なりあきら》派《は》と、斉彬《なりあきら》の実弟《じってい》・忠教《ただゆき》（のち久光《ひさみつ》）を推《お》す派閥《はばつ》の対立《たいりつ》が激化《げきか》する（「お由羅騒動《ゆらそうどう》」、「高崎崩《たかさきくず》れ」とも）。

嘉永《かえい》四（1851）年《ねん》

二月二日《がつふつか》、藩主《はんしゅ》・斉興《なりおき》が隠居《いんきょ》。斉彬《なりあきら》が家督《かとく》を相続《そうぞく》し、十一代藩主《だいはんしゅ》に就任《しゅうにん》する。

嘉永《かえい》六（1853）年《ねん》

六月三日《がつみっか》、東《ひがし》インド艦隊司令長官《かんたいしれいちょうかん》ペリー、浦賀《うらが》に来航《らいこう》。
この年《とし》、尚五郎《なおごろう》、薩摩琵琶《さつまびわ》への熱中《ねっちゅう》を家宰《かさい》に諌《いさ》められ、

安政二《あんせい》（1855）年《ねん》

以後《いご》、文武《ぶんぶ》に励《はげ》む。

正月《しょうがつ》十五日《にち》、尚五郎《なおごろう》、奥小姓《おくごしょう》・近習番《きんじゅばん》に任《にん》じられる。

五月《がつ》十八日《にち》、尚五郎《なおごろう》、江戸詰拝命《えどづめはいめい》にともなって国許《くにもと》を出発《しゅっぱつ》（六月《がつ》二十八日《にち》、江戸《えど》に入府《にゅうふ》）。

六月《がつ》十七日《にち》、薩摩国吉利領主《さつまのくによしとしりょうしゅ》・小松清猷《こまつきよもと》が琉球《りゅうきゅう》で客死《かくし》。享年《きょうねん》、二十九。

九月三日《がつみっか》、尚五郎《なおごろう》、帰藩《きはん》の命《めい》により江戸《えど》を出発《しゅっぱつ》（十月《がつ》八日《ようか》、国許《くにもと》に帰着《きちゃく》）。

安政三《あんせい》（1856）年《ねん》

正月《しょうがつ》二十七日《にち》、小松家《こまつけ》の跡目養子《あとめようし》となって清猷《きよもと》の妹《いもうと》・千賀《ちか》（近《ちか》とも）と結婚《けっこん》し、家督《かとく》をつぐ。小松尚五郎《こまつなおごろう》と改名《かいめい》、あわせて藩《はん》の詰衆《つめしゅう》となる。

二月《がつ》、尚五郎《なおごろう》、南泉院《なんせんいん》（現《げん》・照國神社《てるくにじんじゃ》の周辺《しゅうへん》）火消《ひけし》の役《やく》を命《めい》じられる。

四月《がつ》二十三日《にち》、尚五郎《なおごろう》、栄之尾温泉《えいのおおんせん》（現《げん》・鹿児島県霧島市《かごしまけんきりしまし》）で、妻《つま》の千賀《ちか》、舅《しゅうと》の清穆《きよあつ》とともに湯治《とうじ》（〜五月五日《がついつか》）。

安政五《あんせい》（1858）年《ねん》

正月《しょうがつ》、尚五郎《なおごろう》、定火消《じょうびけし》を命《めい》じられる。

安政《あんせい》七（1860）年《ねん》

※三月《がつ》十八日《にち》、万延《まんえん》に改元《かいげん》

万延《まんえん》二（1861）年《ねん》

※二月《がつ》十九日《にち》、文久《ぶんきゅう》に改元《かいげん》

三月一日《がつついたち》、尚五郎《なおごろう》、小松帯刀清廉《こまつたてわききよかど》と改名《かいめい》する。

四月《がつ》二十三日《にち》、彦根藩主《ひこねはんしゅ》・井伊直弼《いいなおすけ》が幕府大老《ばくふたいろう》に就任《しゅうにん》。

七月《がつ》十六日《にち》、藩主《はんしゅ》・斉彬《なりあきら》、病《やまい》により急死《きゅうし》。享年《きょうねん》、五十。

七月《がつ》二十五日《にち》、帯刀《たてわき》、斉彬《なりあきら》の葬儀《そうぎ》に参列《さんれつ》。

十二月一日《がつついたち》、帯刀《たてわき》、新藩主《しんはんしゅ》（十二代《だい》）・島津茂久《しまづもちひさ》（のち忠義《ただよし》）の命《めい》で、当番頭《とうばんがしら》・奏者番《そうじゃばん》に任《にん》ぜられる。

二月九日《がつここのか》、帯刀《たてわき》、藩主《はんしゅ》・茂久《もちひさ》の初入部《はつにゅうぶ》を出迎《でむか》えるため、吉利領《よしとしりょう》に赴《おもむ》く。

三月三日《がつみっか》、大老《たいろう》・井伊直弼《いいなおすけ》が暗殺《あんさつ》される（桜田門外《さくらだもんがい》の変《へん》）。享年《きょうねん》、四十六。

六月《がつ》二十三日《にち》、帯刀《たてわき》、鶴丸城下《つるまるじょうか》、弁天波止台場《べんてんはとだいば》の受《う》け持《も》ちを命《めい》じられる。

正月《しょうがつ》二十一日《にち》、帯刀《たてわき》、長崎《ながさき》に私費《しひ》で出張《しゅっちょう》し、電気水雷《でんきすいらい》の扱《あつか》い、軍艦《ぐんかん》の操縦《そうじゅう》など軍事技術《ぐんじぎじゅつ》を習得《しゅうとく》。

四月《がつ》二十二日《にち》、藩主《はんしゅ》・茂久《もちひさ》の父《ちち》・久光《ひさみつ》（忠教《ただゆき》から改名《かいめい》）を〝国父《こくふ》〟と呼《よ》ぶことが発表《はっぴょう》される。

四月《がつ》二十六日《にち》、帯刀《たてわき》、磯《いそ》（現《げん》・鹿児島県鹿児島市吉野《かごしまけんかごしましよしの》町《ちょう》）で電気水雷実演《でんきすいらいじつえん》に成功《せいこう》。

五月《がつ》十八日《にち》、帯刀《たてわき》、側役《そばやく》に任《にん》じられる。
九月九日《がつここのか》、帯刀《たてわき》、演武館《えんぶかん》・造士館掛《ぞうしかんがかり》に任《にん》じられる。
十月二十日《がつはつか》、帯刀《たてわき》、御改革方御内用掛《おんかいかくかたごないようがかり》に任《にん》じられる。

文久《ぶんきゅう》二（1862）年《ねん》

正月《しょうがつ》十一日《にち》、帯刀《たてわき》、伊作地頭職《いざくじとうしょく》に任《にん》じられる。
同月《どうげつ》十五日《にち》、帯刀《たてわき》、大番頭《おおばんがしら》・家老並《かろうなみ》に任《にん》じられる。
同月《どうげつ》十七日《にち》、帯刀《たてわき》、〝国父《こくふ》〟久光《ひさみつ》の御旅御側御用人《おんたびおんそばごようにん》を命《めい》じられる。
二月《がつ》二十八日《にち》、帯刀《たてわき》、加世田地頭職《かせだじとうしょく》に任《にん》じられる。
三月《がつ》十六日《にち》、帯刀《たてわき》、久光《ひさみつ》の挙兵上洛《きょへいじょうらく》に随行《ずいこう》して国許《くにもと》を出《しゅっ》発《ぱつ》。
四月《がつ》十五日《にち》、帯刀《たてわき》、京都《きょうと》に入《はい》る。
同月《どうげつ》二十三日《にち》、伏見《ふしみ》で寺田屋事件《てらだやじけん》が勃発《ぼっぱつ》。
五月二十日《がつはつか》、帯刀《たてわき》、御側詰《おそばづめ》・御側役《おそばやく》（家老同様《かろうどうよう》の御側《おそば》取扱《とりあつかい》）に任《にん》じられる。
同月《どうげつ》二十二日《にち》、帯刀《たてわき》、勅使《ちょくし》・大原重徳警護《おおはらしげとみけいご》を名目《めいもく》とした久光《ひさみつ》に随行《ずいこう》し、京都《きょうと》を発《た》って江戸《えど》へ向《む》かう（六月七日《がつなのか》、江戸《えど》に入府《にゅうふ》）。
六月《がつ》二十四日《にち》、帯刀《たてわき》、足痛《そくつう》により幕府《ばくふ》から乗物《のりもの》を許可《きょか》される。

文久《ぶんきゅう》三（1863）年《ねん》

八月《がつ》二十一日《にち》、帯刀《たてわき》、久光《ひさみつ》に随行《ずいこう》して江戸《えど》を出発《しゅっぱつ》するが、生麦事件《なまむぎじけん》が起《お》こる。

九月《がつ》七日《なのか》、帯刀《たてわき》、薩摩《さつま》に帰着《きちゃく》する。

十二月《がつ》二十四日《にじゅうよっか》、帯刀《たてわき》、家老《かろう》・御側詰《おそばづめ》に任《にん》じられる。

十二月《がつ》二十七日《にち》、帯刀《たてわき》、御軍役掛《おんぐんやくがかり》をはじめ、十の役職《やくしょく》に任《にん》じられる。

三月《がつ》四日《よっか》、帯刀《たてわき》、〝国父《こくふ》〟・久光《ひさみつ》に従《したが》って藩船《はんせん》「白鳳丸《はくほうまる》」に乗《の》り、京都《きょうと》へ向《む》かう。

同月《どうげつ》十四日《じゅうよっか》、帯刀《たてわき》、七百名《ひゃくめい》の兵《へい》を率《ひき》いて京都《きょうと》に入《はい》る。

七月《がつ》二日《ふつか》、薩英戦争《さつえいせんそう》が勃発《ぼっぱつ》（〜三日《みっか》）。帯刀《たてわき》、久光《ひさみつ》の下《もと》で戦闘《せんとう》を総指揮《そうしき》。

文久《ぶんきゅう》四（1864）年《ねん》

※二月《がつ》二十日《はつか》、元治《げんじ》に改元《かいげん》

正月《しょうがつ》十三日《にち》、〝国父《こくふ》〟・島津久光《しまづひさみつ》、朝廷《ちょうてい》から参預《さんよ》に任《にん》じられる。

同月《どうげつ》二十八日《にち》、帯刀《たてわき》、近衛家《このえけ》から京都《きょうと》・御花畑《おはなばたけ》の屋敷《やしき》を小松邸《こまつてい》として使用《しよう》を許《ゆる》される（のちの薩長同盟締結地《さっちょうどうめいていけっち》とも）。

四月《がつ》十七日《にち》、帯刀《たてわき》、十四代将軍《だいしょうぐん》・徳川家茂《とくがわいえもち》から御紋付《ごもんつき》き袷《あわせ》などを拝領《はいりょう》。このとき、勝海舟《かつかいしゅう》と会《あ》う。

五月《がつ》、帯刀《たてわき》、五代才助《ごだいさいすけ》（友厚《ともあつ》）の上海《シャンハイ》行きのため活動《かつどう》。

七月《がつ》十九日《にち》、禁門《きんもん》の変《へん》（蛤御門《はまぐりごもん》の変《へん》）が勃発《ぼっぱつ》。禁裏御《きんりご》守衛総督《しゅえいそうとく》・一橋慶喜《ひとつばしよしのぶ》（のち十五代将軍《だいしょうぐん》・徳川慶喜《とくがわよしのぶ》）に協力《きょうりょく》して、戦闘《せんとう》を指揮《しき》。

十一月《がつ》、帯刀《たてわき》、勝海舟《かつかいしゅう》が神戸海軍操練所《こうべかいぐんそうれんじょ》に隣接《りんせつ》して開《ひら》いていた私塾《しじゅく》から、坂本龍馬《さかもとりょうま》らを大坂藩邸《おおさかはんてい》に匿《かくま》う。

元治《げんじ》二（1865）年《ねん》

※四月《がつ》七日《なのか》、慶応《けいおう》に改元《かいげん》

二月《がつ》二十一日《にち》、帯刀《たてわき》、周防国岩国領主《すおうのくにいわくにりょうしゅ》・吉川経幹《きっかわつねまさ》に宛《あ》てて書簡《しょかん》を送《おく》り、薩摩藩《さつまはん》は第二次長州征討《だいじちょうしゅうせいとう》に参加《さんか》しない旨《むね》を知《し》らせる。

四月《がつ》二十二日《にち》、帯刀《たてわき》、西郷吉之助《さいごうきちのすけ》（のち隆盛《たかもり》）、土佐脱藩郷士《とさだっぱんごうし》・坂本龍馬《さかもとりょうま》らを伴《ともな》って京《きょう》を発《た》つ（五月一日帰藩《がつついたちきはん》）。

六月《がつ》二十六日《にち》から、帯刀《たてわき》、長崎《ながさき》に滞在《たいざい》して亀山社中《かめやましゃちゅう》の設立《せつりつ》を援助《えんじょ》。伊藤俊輔《いとうしゅんすけ》（のち博文《ひろぶみ》）・井上聞多《いのうえもんた》（のち馨《かおる》）らと、薩摩藩《さつまはん》と長州藩《ちょうしゅうはん》との協力《きょうりょく》について会談《かいだん》。

八月《がつ》十八日《にち》、京都《きょうと》で側室《そくしつ》・琴《こと》が、帯刀《たてわき》との実子《じっし》・安千代《やすちよ》（のち清直《きよなお》）を生《う》む。

慶応《けいおう》二（1866）年《ねん》

正月《しょうがつ》十五日《にち》、帯刀《たてわき》、町田申四郎《まちだしんしろう》（のち小松清緝《こまつきよつぐ》）を養子《ようし》とする。

慶応《けいおう》三（1867）年《ねん》

同月《どうげつ》二十一日《にち》、京都《きょうと》の小松邸《こまつてい》で薩長同盟《さっちょうどうめい》が結《むす》ばれる。
三月《がつ》、帯刀《たてわき》、坂本龍馬《さかもとりょうま》を伴《ともな》って帰藩《きはん》。龍馬《りょうま》を栄之尾温泉《えいのおおんせん》に案内《あんない》。
四月《がつ》、帯刀《たてわき》、海軍掛《かいぐんがかり》を命《めい》じられる。
六月《がつ》十七日《にち》、帯刀《たてわき》、薩摩《さつま》を訪《おとず》れたイギリス公使《こうし》パークスを接待《せったい》。
十二月五日《がついつか》、徳川慶喜《とくがわよしのぶ》が十五代将軍《だいしょうぐん》に就任《しゅうにん》。

正月《しょうがつ》十一日《にち》、帯刀《たてわき》、城代家老《じょうだいがろう》に任《にん》じられる。
二月《がつ》二十七日《にち》（西暦《せいれき》では四月一日《がつついたち》）より、薩摩藩《さつまはん》、パリ万国博覧会《ばんこくはくらんかい》に、「薩摩琉球国《さつまりゅうきゅうこく》」として出展《しゅってん》。
五月三日《がつみっか》、帯刀《たてわき》、陸軍掛《りくぐんがかり》に任《にん》じられる。
同月《どうげつ》二十九日《にち》、帯刀《たてわき》、在京幹部《ざいきょうかんぶ》と協議《きょうぎ》、藩論《はんろん》を長州《ちょうしゅう》との協働《きょうどう》に統一《とういつ》する。
六月《がつ》二十二日《にち》、帯刀《たてわき》、西郷吉之助《さいごうきちのすけ》、土佐藩参政《とさはんさんせい》・後藤象二郎《ごとうしょうじろう》らと協議《きょうぎ》、大政奉還建白《たいせいほうかんけんぱく》で合意《ごうい》（薩土盟約《さつどめいやく》）。
十月十四日《がつじゅうよっか》、将軍《しょうぐん》・慶喜《よしのぶ》、朝廷《ちょうてい》に大政《たいせい》を奉還《ほうかん》。
十月《がつ》十三日《にち》〜十四日《じゅうよっか》、薩長《さっちょう》に討幕《とうばく》の密勅下《みっちょくくだ》る。
十一月七日《がつなのか》、帯刀《たてわき》、足痛《そくつう》のため率兵上京《そっぺいじょうきょう》に随行《ずいこう》を断念《だんねん》。
十二月九日《がつここのか》、王政復古《おうせいふっこ》の大号令《だいごうれい》が下《くだ》る。

慶応《けいおう》四（1868）年《ねん》
※九月八日《がつようか》、明治《めいじ》に改元《かいげん》

正月三日《しょうがつみっか》、鳥羽《とば》・伏見《ふしみ》の戦《たたか》い（戊辰戦争《ぼしんせんそう》の始《はじ》まり）。
同月《どうげつ》二十五日《にち》、帯刀《たてわき》、京都《きょうと》に入《はい》る。
同月《どうげつ》二十八日《にち》、帯刀《たてわき》、参与《さんよ》・外国事務掛《がいこくじむがかり》に任《にん》じられる。
二月二日《がつふつか》、帯刀《たてわき》、総裁局顧問《そうさいきょくこもん》に任《にん》じられる。
同月《どうげつ》十五日《にち》、堺事件《さかいじけん》が起《お》きる。帯刀《たてわき》、処理《しょり》に奔走《ほんそう》。
三月十四日《がつじゅうよっか》、五箇条《ごかじょう》の御誓文《ごせいもん》が発布《はっぷ》される。
四月《がつ》十一日《にち》、江戸城《えどじょう》が無血開城《むけつかいじょう》される。
九月三日《がつみっか》、帯刀《たてわき》、外国官副知事《がいこくかんふくちじ》に任《にん》じられる。
十二月下旬《がつげじゅん》、帯刀《たてわき》、大阪《おおさか》で大久保利通《おおくぼとしみち》らと版籍奉還《はんせきほうかん》について協議《きょうぎ》。

明治《めいじ》二（1869）年《ねん》

二月四日《がつよっか》、帯刀《たてわき》、領地《りょうち》・家格返上《かかくへんじょう》を願《ねが》い出《で》る（八月《がつ》十七日許可《にちきょか》）。
五月《がつ》十五日《にち》、帯刀《たてわき》、官吏公選《かんりこうせん》により全職《ぜんしょく》を免《めん》じられる。
六月《がつ》十七日《にち》、薩摩藩《さつまはん》、版籍奉還《はんせきほうかん》を実施《じっし》。
七月六日《がつむいか》、帯刀《たてわき》、持病治療《じびょうちりょう》のため大阪《おおさか》へ向《む》かう。

明治《めいじ》三（1870）年《ねん》

七月《がつ》十八日《にち》、大阪《おおさか》にて死去《しきょ》（届出《とどけで》は二十日《はつか》）。享年《きょうねん》、三十六。

参考文献《さんこうぶんけん》

龍馬を超えた男 小松帯刀　原口泉著　グラフ社
人物叢書　小松帯刀　高村直助著　吉川弘文館
岩波文庫　一外交官の見た明治維新（上・下）　アーネスト・サトウ著　坂田精一訳　岩波書店
1868 明治が始まった年への旅　加来耕三著　時事通信社
幕末維新 まさかの深層 明治維新一五〇年は日本を救ったのか　加来耕三著　さくら舎
幕末・明治の英傑たち 坂本龍馬と龍馬を巡る人々 謀略の裏にあった、貴ぶべき先駆者たちの気質　加来耕三著　滋慶出版／つちや書店
歴史群像シリーズ 西郷隆盛 維新回天の巨星と戊辰戦争　学習研究社

著者略歴

加来耕三：企画・構成・監修

歴史家・作家。1958 年、大阪府大阪市生まれ。1981 年、奈良大学文学部史学科卒業。主な著書に、『財閥を築いた男たち』、『徳川三代記』、『if の日本史「もしも」で見えてくる、歴史の可能性』、『上杉謙信』、『直江兼続』（すべてポプラ社）、『歴史に学ぶ自己再生の理論』（論創社）、『西郷隆盛 100 の言葉』（潮出版社）、『1868 明治が始まった年への旅』（時事通信社）などがある。「コミック版 日本の歴史シリーズ」（ポプラ社）の企画・構成・監修やテレビ・ラジオ番組の監修・出演も少なくない。

静霞 薫：原作

小説家・評論家・漫画原作者。現在は、滋慶学園グループ名誉教育顧問として、大阪デザイン &IT 専門学校・東京コミュニケーションアート専門学校・名古屋デザイン & テクノロジー専門学校・福岡デザインコミュニケーション専門学校・仙台コミュニケーションアート専門学校などで、マンガ科・コミックイラスト科・ライトノベル科の学生指導にあたっている。主な作品に、『るろうに剣心 ～明治剣客浪漫譚～　巻之一』『同・巻之二』（共著・集英社）、『劇画 坂本龍馬の一生』（脚本・新人物往来社）などがある。

かわの いちろう：作画

漫画家。大分県生まれ。『週刊少年サンデー超《スーパー》』（小学館）にてデビュー。時代劇作品を中心に活躍中。主な作品に、『隠密剣士』（集英社）、『忍歌』（日本文芸社）、『赤鴉 隠密異国御用』、『信長戦記』、『後藤又兵衛 黒田官兵衛に最も愛された男』、『舞将真田幸村 忍び之章』（すべてリイド社）、『戦国人物伝 本多忠勝』、『戦国人物伝 上杉謙信』（すべてポプラ社「コミック版 日本の歴史シリーズ」）などがある。

コミック版 日本の歴史63

幕末・維新人物伝

小松帯刀

2018年4月　第1刷
2024年1月　第4刷

企画・構成・監修　加《か》来《く》耕三《こうぞう》
原　　　作　静霞《しずか》 薫《かおる》
作　　　画　かわの いちろう

カバーデザイン　竹内亮輔＋梅田裕一〔crazy force〕

発　行　者　千葉 均
編　　　集　森田礼子
発　行　所　株式会社ポプラ社
〒102-8519　東京都千代田区麹町4-2-6
URL　www.poplar.co.jp
印　刷　所　今井印刷株式会社
製　本　所　島田製本株式会社
電 植 製 版　株式会社オノ・エーワン

ISBN978-4-591-15855-5 N.D.C.289 127p 22cm　Printed in Japan

P7047063

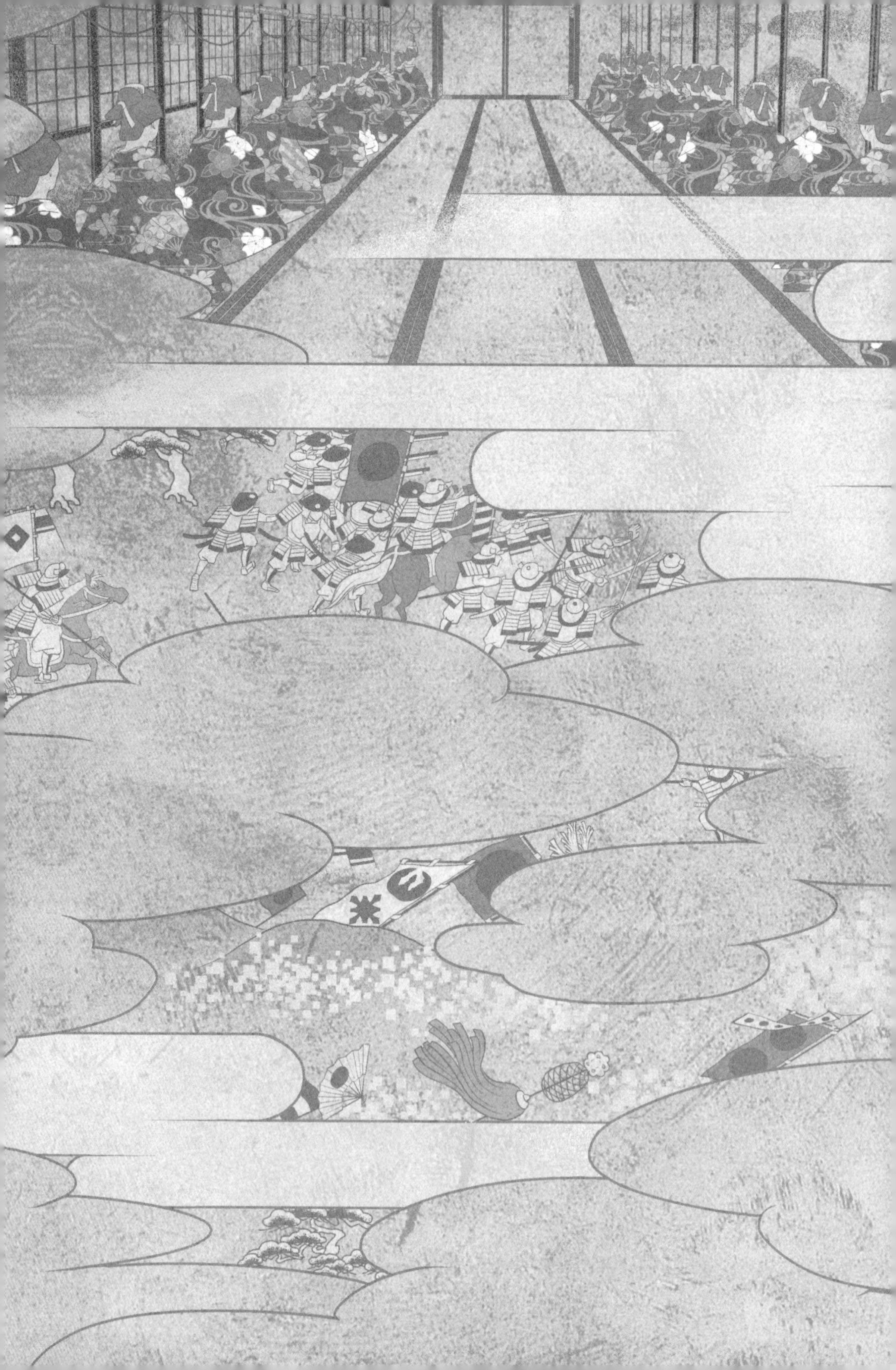